\ START UP /

民法 ① 総則
判例 30!

HANREI

原田昌和
秋山靖浩
山口敬介

有斐閣

Preface

はしがき

　本書は，START UPシリーズの1冊として，法学部生（特に初学者）に向けた判例教材であり，民法総則を対象とする。判例解説書としては，すでに『判例百選』シリーズが著名であり，広く利用されているところではあるが，紙幅に限りがある一方で，議論状況も深化していることから，解説も高度なものとなっている。他方，多くの法学部の実情としては，必ずしも法曹を目指さない学生が多いことや，法科大学院と法学部の機能分化がされたことなども併せ考えると，とりわけ初学者向けに，基本として（あるいは最低限）学ぶべき判例を厳選し，1つひとつの判例の事案や判旨をかみくだいて丁寧に解説する解説書が──ゼミ等での『判例百選』シリーズの使用につなげるという意味でも──求められていると思われる。また，法学部生に限らず，法科大学院未修者，他学部で民法を学習している学生にとっても，導入として，こうした判例解説書があれば，有益であろう。

　そのような観点から，本書では，民法総則に関する基本判例を30件に絞っている。その上で，〔事案をみてみよう〕では，結論に差しさわりのない範囲で事案を簡略化し，当事者関係図を入れたり，事案に現れる金額について現在の価値を示すなど，わかりやすく説明する，〔読み解きポイント〕を置いて，問題点を明確にする，〔判決文を読んでみよう〕では判決文に下線を引いて，判決の重要部分を明確にする，大審院の漢字カタカナ混じりの判決文に現代語訳を付す，〔解説〕では学説の詳細には立ち入らず，できるだけ平易に，問題の位置づけや簡単な議論状況を明らかにするなどの工夫を行った。本書を十分

に消化した後に,『民法判例百選Ⅰ』などの判例教材に進むならば,判例についてのより深い理解が得られるであろう。

　執筆者3人が顔を合わせての会合は,2015年3月の第1回会合を皮切りに,計9回にのぼった。各回の議論では,各執筆者が原稿を持ち寄り,上記の企画趣旨に基づいて吟味を加え,次回再度検討するということを繰り返したが,わかっているつもりの判例でも,学習者の気持ちになって,事案を整理したり,図や注を付したり,文章の表現を工夫したりという作業は,決して簡単なものではなかった。執筆者としては,従前の判例教材に比べ,初学者にとってわかりやすいものになったと思うが,この点については読者の評価を待ちたいと思う。従来理解できなかったものが理解できるようになったという感想が読者から寄せられたならば,これほどうれしいことはない。

　本書の執筆にあたっては,有斐閣の皆さんに大変にお世話になった。とりわけ,三宅亜紗美さんには,土日であることが多かったにもかかわらず計9回の会合のすべてに出席していただき,読者目線でのご意見をくださったり,会合の日程調整や記録の取りまとめをしていただくなど,大変なご尽力をいただいた。心から感謝を申し上げる。

2017年10月

原田昌和
秋山靖浩
山口敬介

Authors

著者紹介

旧古河庭園にて（2017年8月撮影）

山口敬介
Yamaguchi Keisuke

立教大学准教授

①1983年（おうし座）／愛知県一宮市。
②抽象的なルールを基に具体的事案を解決する，逆に，具体的事案の検討からルールのあり方を考える。こうして具体と抽象の世界を行ったり来たりしながら考えることが，法学の醍醐味の1つであり，判例はそれを味わう格好の素材です。この本が判例の勉強を楽しむきっかけになれば幸いです。

執筆担当：p. x～xi, Chapter II, III, IV-2［判例13・14］, V［判例20-22］

秋山靖浩
Akiyama Yasuhiro

早稲田大学教授

①1972年（かに座）／東京都昭島市。
②昔，恩師から，判例を読むときは「そうぞうりょく」が大切だと言われました。なぜこんな事件が起きたのか，当事者の心情や状況を「想像」する。自分が弁護士や裁判官になったつもりで，当事者の主張や裁判所の解釈を「創造」する。これを実践すると，判例を読むのがもっと楽しくなると思います。

執筆担当：p. xi, Chapter I, IV-2［判例12］, V［判例18・19・23］, VI

原田昌和
Harada Masakazu

立教大学教授

①1972年（おうし座）／北海道札幌市。
②法律の勉強はらせん階段を上るようなものだと思います。たとえば，民法総則の内容が，債権総論を学習したあとで振り返るとよくわかったというようなことが，私にも何度となくありました。一度にすべてわからなくてもよいので，根気よくコツコツと繰り返し学習してください。

執筆担当：Chapter IV［p.27］, IV-1, IV-2［Introduction, 判例15］, V［p.59, Introduction, 判例16・17・24・25, p.92］

①生年（星座）／出身地　②読者へのメッセージ

目次

Contents

はしがき i
著者紹介 iii
凡例 vii
本書の使い方 viii

民法総則を学ぶにあたって x

Chapter Ⅰ ― 通則―― 基本原則　　1

Introduction 2
01 所有権と権利濫用：宇奈月温泉事件（大判昭和10・10・5） 4

Chapter Ⅱ ― 人　　7

Introduction 8
02 胎児の権利能力：阪神電鉄事件（大判昭和7・10・6） 10
03 制限行為能力者の詐術（最判昭和44・2・13） 12

Chapter III — 法人　15

Introduction ………………………………………… 16
04 税理士会による政治資金の寄付（最判平成8・3・19）………… 17
05 代表理事の代表権の制限（最判昭和60・11・29）……………… 20
06 権利能力なき社団（最判昭和39・10・15）……………………… 23
　　もう一歩先へ ……………………………………………………… 26

Chapter IV — 法律行為・意思表示　27

1. 法律行為

Introduction ………………………………………… 28
07 性道徳に反する行為——愛人への遺贈（最判昭和61・11・20）… 30
08 ホステスの保証（最判昭和61・11・20）………………………… 33
09 憲法違反——男女平等：日産自動車事件（最判昭和56・3・24）… 36
10 法令違反行為——無許可営業（最判昭和35・3・18）…………… 39
11 法律行為の解釈と慣習：「塩釜レール入」事件（大判大正10・6・2）… 42

2. 意思表示

Introduction ………………………………………… 45
12 錯誤（最判平成元・9・14）……………………………………… 47
13 94条2項の類推適用（最判昭和45・9・22）……………………… 50
14 94条2項と110条の類推適用（最判平成18・2・23）…………… 53
15 取消しと現に利益を受ける限度（大判昭和7・10・26）………… 56

Chapter V — 代理　　59

	Introduction	60
16	実質的な利益相反行為——相手方に代理人選任を依頼する合意（大判昭和7・6・6）	62
17	親権者による代理権の濫用（最判平成4・12・10）	65
18	本人名義の使用許諾と109条1項の表見代理：東京地裁厚生部事件（最判昭和35・10・21）	68
19	白紙委任状と代理権授与表示（最判昭和39・5・23）	71
20	110条の基本「権限」（最判昭和35・2・19）	74
21	110条の「正当な理由」（最判昭和51・6・25）	77
22	夫婦相互の日常家事代理権と表見代理（最判昭和44・12・18）	80
23	無権代理人の責任（最判昭和62・7・7）	83
24	無権代理人の本人共同相続（最判平成5・1・21）	86
25	本人の無権代理人相続（最判昭和37・4・20）	89
	もう一歩先へ	92

Chapter VI — 時効　　93

	Introduction	94
26	自己の物の時効取得（最判昭和42・7・21）	96
27	じん肺による損害賠償請求権の消滅時効の起算点（最判平成6・2・22）	99
28	時効援用の効果（最判昭和61・3・17）	102
29	時効の援用権者（最判平成11・10・21）	105
30	消滅時効完成後の債務者の債務承認（最大判昭和41・4・20）	108
	判例索引	111

Explanatory Notes

凡例

👉 判例について

略語

[裁判所]

大判（決）	大審院判決（決定）
最大判（決）	最高裁判所大法廷判決（決定）
最判（決）	最高裁判所判決（決定）
高判（決）	高等裁判所判決（決定）
地判（決）	地方裁判所判決（決定）

[判例集]

民録	大審院民事判決録
民集	大審院，最高裁判所民事判例集
新聞	法律新聞
判時	判例時報
判タ	判例タイムズ

表記の例

最高裁昭和 41 年 4 月 20 日大法廷判決
（民集 20 巻 4 号 702 頁）
または
最大判昭和 41・4・20 民集 20 巻 4 号 702 頁

⬇

「最高裁判所」の大法廷で，昭和 41 年 4 月 20 日に言い渡された「判決」であること，そしてこの判決が「民集」（最高裁判所民事判例集）という判例集の 20 巻 4 号 702 頁に掲載されていることを示しています。

👉 法令名について

民法については，原則として条文番号のみを引用します。また，民法の一部を改正する法律（平成 29 年法律第 44 号）＊による改正を織り込んでいます。特にことわりのない場合，「改正」はこの改正法による改正を指します。

＊未施行。施行は，一部の規定を除き，2020 年 4 月 1 日。

改正前後の条文の表記は以下のとおり。

▶ 判決文など引用の文章の中：
　改正後の条文を「〔改正後○条〕」と注記。
▶ 解説など引用でない文章の中：
　改正前の条文を「改正前○条」，
　改正後の条文を「○条」と表記。

その他の法令については，法令名または略称（有斐閣『ポケット六法』巻末の「法令名略語」による）を示しています。

👉 判決文・条文などの引用について

「　」で引用してある場合は，原則として原典どおりの表記としていますが，字体などの変更を行ったものや，濁点・句読点，ふりがな，下線，傍点などを補ったものがあります。引用の「　」内の〔　〕表記（小書き）は，著者による注であることを表します。

👉 その他

本シリーズの他の巻の引用は，「[物権・判例 01]」のように，書名と項目番号を示しました。また，有斐閣『民法判例百選 I〔第 7 版〕・II〔第 7 版〕・III』の引用は，「百選 I-1」のように，巻の番号と項目番号を示しました。事案に現れる金額の現在価値を示すにあたっては，企業物価指数または消費者物価指数に基づく単純計算によりました。

本書の使い方

① タイトル
この項目で学ぶことを示しています。

② サブタイトル・事件名
この項目で取り上げた判例を指してよく使われる事件名がある場合には記載しています。

③ 判例
この項目で取り上げる判例です。この場合，最高裁判所で昭和56年3月24日に出された判決のことです。詳しくは，「凡例」（p.vii）を参照してください。

④ 出典
ここに掲げた書誌に，この項目で取り上げた判決文・決定文の全文が載っています。「出典」と呼ばれます。「民集」などの略語については「凡例」（p.vii）を参照してください。

事案
この事件のおおまかな内容です。

どんな事案に対してどんな判断が示されたかを順番に確認することが大事！ まずは事案を丁寧に読んでみよう！

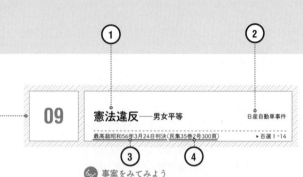

09　憲法違反──男女平等
日産自動車事件
最高裁昭和56年3月24日判決（民集35巻2号300頁）　▶百選 I-14

事案をみてみよう

X女は，昭和21年1月にY社に雇用され，工場従業員として勤務していた（①）。Y社の就業規則には，「従業員は，男子満55歳，女子満50歳をもって定年として，男子は満55歳，女子は満50歳に達した月の末日をもって退職させる」という定めがあった。Xは，昭和44年1月14日の経過により満50歳に達するものであったため，Y社は，昭和43年12月25日に，Xに対して，昭和44年1月31日限りで退職を命ずる旨の予告をした（②）。Xが，雇用関係存続の確認を求めて訴えを提起したところ（③），第1審，控訴審ともにXの請求を認めたので，Y社が上告した。なお，この間の昭和48年4月1日，Y社は，上記定年年齢を男子60歳，女子55歳に改めた。

読み解きポイント

憲法は「基本的人権」（憲11条）のひとつとして「法の下の平等」を保障しており，性別によって差別されないということ，つまり，男女の平等を定めている（憲14条）。Y社の就業規則は，男女で異なった定年年齢を定めており，男女の平等に反するようにみえるが，Xはこの定めどおりに退職させられるのだろうか。それとも，Y社の就業規則の定めは，憲法14条に反し，公序良俗違反（90条）であるとして，無効になるのだろうか。

判決文を読んでみよう

「Y社の就業規則は男子の定年年齢を60歳，女子の定年年齢を55歳と規定しているところ，右の男女別定年制に合理性があるか否かにつき，原審は，Y社における女子従業員の担当職種，男女従業員の勤続年数，高齢女子労働者の労働能力，定年制の一般的現状等諸般の事情を検討したうえ，Y社においては，女子従業員の担当職務は相当広範囲にわたっていて，従業員の努力とY社の活用策いかんによっては貢献度を上げうる職種が数多く含まれており，女子従業員各個人の能力等の評価を離れて，その全体をY社に対する貢献度の上がらない従業員と断定する根拠はないこと，しかも，女子従業員について労働の質量が向上しないのに実質賃金が上昇するという不均衡が生じていると認めるべき根拠はないこと，少なくとも60歳前後までは，男女とも通常の職務であれば企業経営上要求される職務遂行能力に欠けるところはなく，

---

*1│就業規則
就業規則とは，多数の労働者に関する労働条件や就業上順守すべき規律など職場のルールについて，使用者が定める規則をいう。日本の企業では，特に正社員については，労働条件を個別の労働契約で定めることは少なく，それらを就業規則で定めることが多い。労働契約法7条により，一定の条件の下で，労働契約の内容は就業規則の定める労働条件によることになっている。（本判決の当時，労働契約法は存在しなかったが，就業規則のこうした効力は認められていた）。

読み解きポイント
以下の判決文・決定文を読むときにどのようなところに着目すればよいか，意識するとよいポイントを説明しています。

エンピツくん
性別：たぶん男子。
年齢：ヒミツ。
モットー：細く長く。
シャーペンくんをライバルと思っている。

判決文・決定文

ここが，裁判所が示した判断をまとめた部分です。全文は実際にはもっと長いものですが，ここでの学習に必要な部分を抜き書きしています。判決文・決定文の中でも，特に大事な部分に下線を引いています。

判決文・決定文は，この事件について裁判所がどう判断したか，という部分。言い回しや言葉づかいが難しいところもあるけれど，がんばって読んでみよう！

各個人の労働能力の差異に応じた取扱がされるのは格別，一律に従業員として不適格とみて企業外へ排除するまでの理由はないことなど，Y社の企業経営上の観点から定年年齢において女子を差別しなければならない合理的理由は認められない旨認定判断したものであり，右認定判断は，原判決挙示の証拠関係及びその説示に照らし，正当として是認することができる。そうすると，原審の確定した事実関係のもとにおいて，Y社の就業規則中女子の定年年齢を男子より低く定めた部分は，専ら女子であることのみを理由として差別したことに帰着するものであり，性別のみによる不合理な差別を定めたものとして民法90条の規定により無効であると解するのが相当である（憲法14条1項，民法1条ノ2〔現2条〕参照）。」

この判決が示したこと
本判決は，Y社の企業経営上の観点から定年年齢において女子を差別しなければならない合理的理由はない旨の判断をした控訴審の判断を支持した上で，Y社の就業規則のうち女子の定年年齢を男子より低く定めた部分は，もっぱら女子であることのみを理由として差別したことに帰着し，性別のみによる差別を定めたものであるから，公序良俗に反して無効であるとして，Y社の上告を棄却した。

この判決・決定が示したこと

ここまでに読んだ判決文・決定文が「結局何を言いたかったのか」「どんな判断をしたのか」を簡単にまとめています。〔読み解きポイント〕にも対応しています。

解説
I. 憲法の私人間効力について
法律には，民法や商法のような私人と私人の間の関係を規律する法律（私法）のほかに，憲法や刑法，行政法のように，国家と私人の間の関係を規律する法律（公法）が存在する。この区分を前提にすると，本件のX・Y社間の雇用契約の労働条件の内容が憲法14条に反して女性を差別するものであったとしても，X と Y 社はどちらも私人であり，その関係は私法の適用領域であって，自分たちの合意で決めればよいのだから，X・Y社間の雇用契約の労働条件に，公法に属する憲法に反する内容が含まれていたとしても，そのことは労働条件の効力に影響をもたらさない，と考えることも可能である。

しかし，私人間の合意によって一方の私人の人権が侵害される場合は決して少なくない。たとえば，私人といっても，一般の消費者から大企業までさまざまであり，本件のように雇い主である会社と従業員の間では，その力関係の差は非常に大きい。こうした場合には，従業員は，女性を差別する内容に不満を感じながらも，生活のために，しぶしぶ受け入れざるを得ないという状況が生じる。いくら当事者が同意したといっても，これを放置するのは，社会的不正義に目をつむるものと言われても仕方がないだろう。

そこで，憲法分野の通説とされる間接適用説は，憲法は国家と私人の関係を定めるものだから，憲法の人権規定は，私人間での直接的適用が前提にされているもの（憲法15条4項・18条・28条など）を除き，私人間に直接的に適用されることはないが，公序良俗違反（90条）や不法行為（709条）などの一般条項の解釈に憲法の趣旨を取り

*2｜国家
公法
（憲法，刑法，行政法）
私人——私人
私法
（民法や商法）

*3｜一般条項
要件あるいは効果について，法的判断のための具体的な基準を欠く，抽象度の高い包括的な文言で定められている規定。民法では，90条，709条のほか，1条1項（公共の福祉の原則），1条2項（信義則），1条3項（権利濫用の禁止）がその例である。IのIntroduction (p. 2)参照。

解説

用語や考え方，背景，関連事項など，この判例を理解するために必要なことを説明しています。

解説を読むと，この判例の意義や内容をより深く理解できるよ！

左右のスペースで，発展的な内容や知っていると役立つことを付け加えています。余裕があれば読んでみましょう。そのほか，判決文・決定文の現代語訳を付けたところもあります。参考にしながら読んでみてください。事案のイメージをつかむための図・写真などを載せていることもあります。

民法総則を学ぶにあたって

　この本は、「民法総則」の判例を解説する本です。このページでは、個々の判例の紹介に入る前に、そもそも、「民法総則」とは何なのか、基本的な事柄を説明しておきます。

「民法」とは何か？

　形式的にいえば、「民法」とは、民法と題する法律のことを指します。では、この民法という法律には、実質的にどのような内容のルールが含まれているのでしょうか。一言でいえば、民法は「市民社会の基本的なルール」を定めています。わたしたちは、生活の基盤となる大切な財産（家、車、お金……etc）や家族をもっています。また、わたしたちは、契約をすることを通じて他の人と新たな関係を築きます。さらに、社会で活動するにあたり、大切な財産や生命・身体を他の人に侵害されてしまうこともあります。こういった場面で生じる人と人、人と財産の関係についてのルールを、権利（あるいは、その裏返しとしての義務）の形で表現しているのが、民法です。

「総則」とは何か？

　「民法総則」とは、形式的には、民法という法律の第1編にまとめられているルールです。これらのルールは、民法の諸ルールの中で、民法が規律対象とする多様な関係の全般に適用されるルールをくくり出したものです。このようなルールの並べ方は、パンデクテン方式といわれます。抽象的な説明ではわかりにくいかもしれませんので、具体例を挙げてみましょう。たとえば、大学のサークルを想像してください。あるサークルでは、会長の選任や予算の承認などは、総会での決議によって決める、というルールがありました。このサークルで、新たに、あらゆる総会決議について「総会を欠席する場合は、当該総会での議題への賛否の表明を、他のメンバーに委任できる。」というルールを導入することになりました。このとき、「会長選任を議題とする総会を欠席する場合は……委任できる。」「予算承認を議題とする総会を欠席する場合は……委任できる。」「○○を議題とする総会を欠席する場合は……委任できる。」と関係する例をすべて列挙してルールを置くよりも、「総会を欠席する場合は……委任できる。」という一般的なルールをひとつだけ置いて、それがあらゆる総会決議に適用されるとしたほうが、ルールの並べ方として合理的です。民法の「総則」も、理念としては、これと同じです。

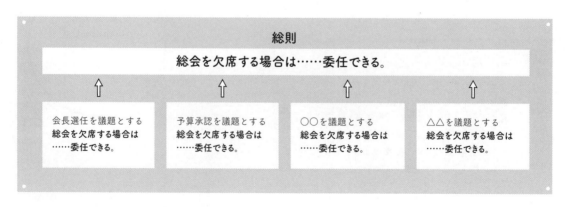

「民法総則」の中身は？

では,「民法総則」に含まれる,民法全般に関わるルールとは,どのようなルールでしょうか。まず,民法の目次を見てみると,「第1編 総則」が7つの章から成っていることがわかります。このうち,この本に登場する判例は,「第1章 通則」「第2章 人」「第3章 法人」「第5章 法律行為」「第7章 時効」に定められたルールに関するものです(なお,「第4章 物」「第6章 期間の計算」に関する判例は,この本では取り上げていません)。各章には以下のような種類のルールが並んでいます。

第1章 通則……………………民法の基本原則
第2章 人／第3章 法人…………民法に関する権利の主体,
　　　　　　　　　　　　　　つまり誰が権利をもつのかに関するルール
第5章 法律行為／第7章 時効……権利の発生や消滅の原因に関わるルール
　　　　　　　　　　・第5章 法律行為:個人の意思に基づいて権利が発生・消滅する
　　　　　　　　　　　　　　　　　　場合(たとえば,契約)のルール
　　　　　　　　　　・第7章 時効:時の経過によって権利が発生・消滅する場合のルール

この本では,民法総則に関する30の基本判例を,この民法の章立ての順で並べています。

図:民法「第1編 総則」の全体像と本書の構成

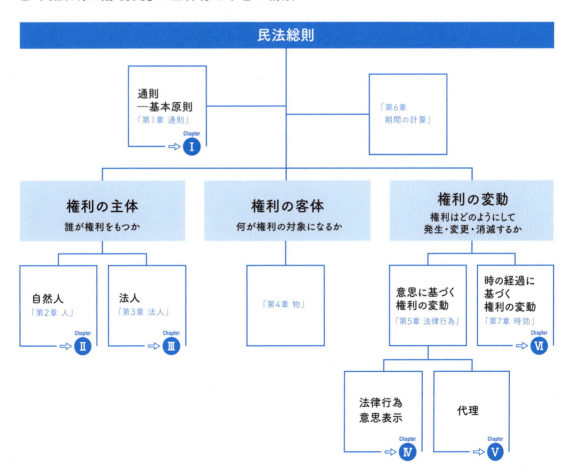

通則——基本原則

　民法は，総則の最初のところで，私権に関する基本原則を規定している。

　私権とは私法上の権利のことである。たとえば，Aを売主，Bを買主とする指輪の売買契約が成立すれば，AはBに対して売買代金の支払を請求する権利を，BはAに対して指輪の引渡しを請求する権利をそれぞれ有する（555条）。また，土地を所有するCは，その土地に対して所有権を有する（206条）。ABCのこれらの権利が私権であり，この私権が認められることによって，ABCは個人の生活関係において私的利益（代金をもらう，指輪をもらう，土地を自由に使うなど）を享受することができる。

　このような私権はもちろん尊重されるべきであるが，無制約に認められるわけではない。たとえば，上のCは，土地の所有権を有するとはいえ，他の人々に害をもたらすような方法で土地を使うことまで認めるわけにはいかないだろう。私たちは社会で共同生活を送っている以上，私権にもそれに伴う制約が存在するわけである。本章では，私権に対する制約に関する判例を取り上げる。

Contents

 Ⅰ　通則——基本原則
Ⅱ　人
Ⅲ　法人
Ⅳ　法律行為・意思表示
Ⅴ　代理
Ⅵ　時効

Introduction

通則──基本原則

 民法を勉強すると，「それは信義則上許されない！」「それって権利濫用だよ」なんて言い始める人が必ずいるよね。民法で勉強したことをほとんど忘れてしまっても，信義則と権利濫用という言葉だけは覚えているって人も多いね。どんなルールなんだろう。

　民法は，基本原則として，公共の福祉（1条1項），信義則（1条2項），権利濫用の禁止（1条3項），個人の尊厳と男女平等（2条）を定めている。それぞれの内容をみていこう。

1. 公共の福祉

　私権（私法上の権利）は，その内容や行使において，公共の福祉に適合しなければならない（1条1項）。公共の福祉とは，社会共同生活の全体としての利益や向上発展を意味する。つまり，私権は，個人が私的利益を享受するためのものであるが，それと同時に，社会共同生活とも調和を保っていなければならないというわけである。たとえば，所有権は，所有者が自己の所有する物を自由に使用・収益・処分することができる権利であるが，法令による制限には従わなければならない（206条）。この法令による制限が認められる根拠として，公共の福祉が挙げられる。

2. 信義則（信義誠実の原則）

　権利の行使および義務の履行は，信義に従い誠実に行わなければならない（1条2項）。これは「信義誠実の原則」，あるいは単に「信義則」と呼ばれる。社会共同生活において，人はお互いに相手の信頼を裏切らないように誠実に行動するべきであるという考えに基づいている。

　もっとも，1条2項を見ても，信義則がどのような場合に適用され，また，適用されるとどのような効果が発生するのかは明らかでない。そこで，この原則が適用された場面を分析することにより，この点が明らかにされている。

　第1に，あるルールが存在しているが，その内容が具体的でない場合に，その内容の具体化を図るために信義則が適用される。たとえば，413条および413条の2第2項は，債権者が債務の履行を受けることを拒んだ場合や債務の履行を受けることができない場合（「受領遅滞」と呼ばれる）のルールを定めているが，これらの場合に，

債権者が債務者に対して損害賠償の責任を負うかどうかについては，具体的に何も定めていない。そこで，判例は，信義則を適用することによって，この点を具体化している[*1]。

第2に，あるルールを適用して問題を処理すると妥当でない結果が生じる場合に，そのルールを修正して妥当な解決を導くために，信義則が根拠として使われる。たとえば，建物の賃貸借において，賃借人は，賃貸人の承諾を得なければ，その建物を第三者に転貸（いわゆる「又貸し」）することができない（612条1項）。賃借人がこれに違反して第三者に建物の使用または収益をさせたときは，賃貸人は賃貸借契約を解除することができる（同条2項）。しかし，たとえば，賃借人が，わずかな期間だけ，建物の1部屋のみを親族に転貸して使わせたにすぎないような場合でも，賃貸人による契約の解除が認められてしまう（その結果として賃貸借契約が終了してしまう）のでは，賃借人の利益が大きく害されることになり，妥当でないだろう。そこで，判例は，信義則を根拠として，612条2項に基づく解除を制限している[*2]。

第3に，ある問題を処理するためのルールが存在しない場合に，新たなルールを創り出すために信義則が根拠として使われる。たとえば，代理のところで学ぶ［判例24］は，本人を相続した無権代理人が代理行為の追認を拒絶できるかどうかについて，民法にはルールが定められていないところを，信義則を根拠として，追認を拒絶できないというルールを創り出している。

今日では，社会の変化が激しくなるとともに，民法のルールが想定していることと現実とがかけ離れてしまい，既存のルールを現実にあわせて修正するために信義則が使われる場合（上の第2）や，民法のルールがそもそも想定していない事態が生じて，ルールの不存在を補充するために信義則が使われる場合（上の第3）が増えている。

3．権利濫用の禁止

権利の濫用は許されない（1条3項）。権利の濫用とは，権利を行使しているように見えても，具体的な事情の下では，その権利行使が社会的に許される範囲を逸脱して許されない場合である。権利をどのように行使するかは権利者の自由とはいえ，その濫用は禁止されるという趣旨である。［判例01］は，権利濫用に関する著名な判例である。

4．個人の尊厳と男女平等

民法は，「個人の尊厳と両性の本質的平等を旨として，解釈しなければならない」（2条）。これは，日本国憲法に定められた原則（24条2項）[*3]を民法にも明文で規定し，民法を解釈する際の指針を示したものである。民法は，憲法とは独立した法規範とはいえ，憲法の基本原則を実現しなければならないことを明らかにしたといえる。法律行為のところで学ぶ［判例09］は，公序良俗違反の規定（90条）を適用したものであるが，その判断のプロセスでは，男女平等の原則（2条）も参照している。

[*1] 最判昭和46・12・16民集25巻9号1472頁（[債権総論・判例10]）。

[*2] 最判昭和28・9・25民集7巻9号979頁（[債権各論・判例09]）。

[*3] 日本国憲法24条2項「配偶者の選択，財産権，相続，住居の選定，離婚並びに婚姻及び家族に関するその他の事項に関しては，法律は，個人の尊厳と両性の本質的平等に立脚して，制定されなければならない。」

01 所有権と権利濫用

宇奈月温泉事件

大審院昭和10年10月5日判決（民集14巻1965頁） ▶百選 I-1

👀 事案をみてみよう

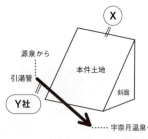

　A社は，多額の費用を費やして温泉の引湯管（全長約7.6 km）を敷設し，宇奈月（富山県）で温泉の営業を開始した。ところが，Bが所有する本件土地（約112坪）の一部（約2坪）に，Bに無断で引湯管が敷設されていた。本件土地はその後，B→C→Xへと売却された。Xは，引湯管が本件土地の所有権を妨害していると主張して，A社の温泉営業を承継したY社に対し，本件土地の所有権に基づいて，引湯管の撤去等を請求した。

　控訴審は，以下の事実を認定した上で，Xの所有権行使は正当な行使の範囲を逸脱しており権利濫用にあたるとの理由で，Xの請求を認めなかった。①引湯を中断すると，温泉経営が破壊されると同時に，宇奈月地域の衰退を招き，Y社の兼営する鉄道収入にも多額の損失が生じる。②引湯管を撤去して迂回させるには，約1万2000円（現在の価値で約700万円）の費用と約270日の日数がかかり，温泉の温度が低下するおそれもある。③本件土地のうち引湯管敷設部分は，面積は約2坪にすぎず，しかも急斜面の荒地で有効な利用方法がない。④引湯管敷設部分は1坪5〜6銭の価値しかなく，本件土地全体でもその価値は30円ほどしかない。⑤Xは，特に使用目的もないのに本件土地を買い受け，Y社に対し，引湯管の撤去を求め，しかも，本件土地を他のX所有地とともに1坪7円，総額2万円余りで買い取れとせまった。⑥Xは，本件土地を買い受ける際，本件土地に引湯管が無断で敷設されていることを熟知していた。

> ✓ **読み解きポイント**
>
> 　Y社は，Xに無断で引湯管を敷設することによって，Xの所有権を侵害している。このような場合，Xは，所有権を侵害するY社に対し，その侵害の除去を請求する権利（物権的請求権）を有する。そこで，Xはこの物権的請求権を行使して，Y社に対し，引湯管の撤去を請求することができるのが原則である。
> 　ところが，本件では，この物権的請求権の行使が権利濫用にあたり許されないとされた。なぜだろうか。

📖 判決文を読んでみよう

　所有者は所有権に対する侵害の除去を請求することができるのは当然であるが，

「侵害に因る損失云うに足らず、而も侵害の除去著しく困難にして縦令之を為し得とするも莫大なる費用を要すべき場合に於て，第三者にして斯る事実あるを奇貨とし不当なる利得を図り殊更侵害に関係ある物件を買収せる上，一面に於て侵害者に対し侵害状態の除去を迫り，他面に於ては該物件其の他の自己所有物件を不相当に巨額なる代金を以て買取られたき旨の要求を提示し他の一切の協調に応ぜずと主張するが如きに於ては，該除去の請求は単に所有権の行使たる外形を構うるに止まり真に権利を救済せむとするにあらず。即ち<u>如上の行為は全体に於て専ら不当なる利益の捕得を目的とし所有権を以て其の具に供するに帰するものなれば、社会観念上所有権の目的に違背し其の機能として許さるべき範囲を超脱するものにして権利の濫用に外ならず</u>*1」。

> **↓ この判決が示したこと ↓**
>
> 本判決は，所有者が物権的請求権を有している場合でも，所有者と相手方の利益状況を比較し，所有者の主観を考慮すると，その権利の行使が権利濫用にあたり許されないこともあると判示して，Xの上告を棄却した。

*1 | 現代語訳
「上述の行為は全体においてもっぱら不当な利益の獲得を目的とし，所有権をその道具に提供するにすぎないものであるから，社会観念上，所有権の目的に違背し，その機能として許されるべき範囲を逸脱するものであり権利濫用にほかならない。」

解説

Ⅰ. 民法の原則と権利濫用の法理

〔読み解きポイント〕で述べたように，Xは，物権的請求権を行使して，Y社に対し，引湯管の撤去を請求することができるのが原則である。

ところが，本判決は，本件の具体的な事情の下では，その権利行使が社会的に許される範囲を逸脱しており，権利濫用にあたるから許されないとした。民法に明文の規定がないにもかかわらず*2，このような権利濫用の法理を認めた点が本判決の重要ポイントである。この法理は，昭和22年（1947年）に，現在の1条3項として明文化されるに至っている。

なお，Xの請求は権利濫用にあたり許されないが，だからといって，Y社が本件土地の引湯管敷設部分を適法に使用できることにはならない（適法に使用するには，Xから賃借権などの利用権を設定してもらう必要がある）。Y社は法律上の原因なく引湯管敷設部分を利用して利益を得ているので，Xは，Y社に対し，その利益を不当利得として*3返還するよう請求することが可能である。*4

Ⅱ. 権利濫用の判断基準

権利濫用の法理は，権利（本件では物権的請求権）を行使できるという原則の重大な例外にあたる。そこで，どのような場合であれば権利濫用の法理を適用してよいかを慎重に判断する必要がある。本判決によると，次の2つの基準が採用されている。

ひとつは，権利者Xの利益状況と，その権利を侵害している相手方Y社の利益状況とを比較している。すなわち，本件土地は金銭的な価値も利用価値も乏しく，引湯管敷設部分もごくわずかにすぎないから，Xに生じている損失はとるに足りないもの

*2 | 本判決の当時，現在の1条3項の規定は存在していなかった。

*3 | Y社が引湯管敷設部分を適法に賃借していれば，Xに賃料を支払わなければならないはずである（601条）。ところが，Y社は賃料を支払っていないから，この賃料に相当する額がY社の利益にあたる。

*4 | Pが法律上の原因なくQの財産・労務によって利益を受け，そのためにQが損失を被っている場合には，Qは，Pに対し，その利益（不当利得）の返還を請求することができる（703条・704条参照）。これを不当利得返還請求権という。

であるのに対して，Y社に引湯管を撤去させるのは困難であり，仮に撤去させるとしてもY社に莫大な損失が生じることになる。

　もうひとつは，権利者Xの主観面を考慮している。Xは，引湯管が無断で敷設されていることを熟知した上で本件土地を購入し，Y社に対し，本件土地を高値で買い取れと求めており，不当な利益を図ろうとするXの害意がみられる。

　以上の2つの基準を総合的に判断した結果，Xの物権的請求権の行使は権利濫用にあたると判断されたわけである。

Ⅲ．権利濫用の「濫用」に要注意

　Ⅱで述べた判断基準は，適用の仕方を誤ると，権利者の権利行使を不当に制限するおそれがある。たとえば，権利者が権利を有していても，相手方が既成事実をひとたび作ってしまうと（本件でいえば，Y社が多額の費用を出してXの土地に無断で引湯管を敷設してしまうと），この事実を覆すにはコストがかかる。ここで権利者と相手方の利益状況の比較のみを強調すると，既成事実を覆すためにかかるコスト（相手方にかかるコスト）が大きくなればなるほど，権利者の権利行使を認めるとそれよりも大きなコストがかかるという理由で，権利者の権利行使が権利濫用にあたるとされて，相手方を勝たせる判断につながりやすくなる。しかし，これでは，既成事実を作った者勝ちになり，権利者に権利を与えた意味が失われてしまう[*5]。権利濫用の「濫用」が起こるわけである。

　そこで，学説は，権利濫用にあたる場面を厳格に判断するために，権利者と相手方の利益状況の比較だけでなく，権利者の主観面（害意）も十分に考慮に入れるべきだと主張している。これによると，相手方が既成事実を作り，利益状況の比較では相手方が有利だとしても，権利者に害意がなければ権利濫用にあたらず，権利者の権利行使が原則どおりに認められる。このようにして，権利濫用の「濫用」を防ぐことが可能となる。

[*5] 最判昭和40・3・9民集19巻2号233頁は，Xの所有地が無断で米軍基地としてY（国）に使われているので，Xが物権的請求権を行使してYに対して土地の返還を請求した事案において，XとYの利益状況を比較し，返還を認めるとYの被る損害が大きいことを理由に，Xの請求は権利濫用にあたり許されないとした。しかし，このような判断の仕方に対しては，学説からの批判がとても強い。

Chapter II

人

民法は，私人間の権利と義務を定めるルールである。民法では，この権利義務の主体となる者を「人」といい，「人」となる資格のことを権利能力という。では，この権利能力はいったい誰に認められるのか。この問題は，民法の根幹を成す重要な問題である。

さらに，権利能力をもつ「人」すべてに，その「人」の意思に基づいた権利の取得や義務の負担を認めるべきか，という問題もある。たとえば，「〇〇を××円で買いたい」という意思を表示することがどのような法的効果をもつのかを全く認識できない「人」もいる。また，全く認識できないとまでは言えなくても，行為の利害得失を自身で十分に判断できない「人」もいる。そのような「人」の行為にも法的効果を与え，権利の取得・義務の負担を認めるべきだろうか。一定の「人」には，意思に基づいて権利の取得や義務の負担をする能力がない，というルールを設ける必要はないか。このような問題に関係する概念が意思能力・行為能力である。

Contents

- I　通則——基本原則
- II　人
- III　法人
- IV　法律行為・意思表示
- V　代理
- VI　時効

Introduction

人

こないだ4歳の甥っ子に会ったら、「今日、保育園で〇〇君が『今度、△△レンジャーの人形あげるね』って約束してくれたんだ～♪」と喜んでいたんだ。けど、これって、有効な契約なのかな？

　エンピツくんの甥っ子のような4歳の子どもを思い浮かべてみよう。4歳の子どもが、ある人にけがをさせられてしまった。このとき、加害者に治療費の支払を求める権利をもつのはいったい誰だろうか。4歳の子ども自身が、治療費を請求する権利をもつと考えるのはおかしいだろうか、おかしくないだろうか？　あるいは、4歳の子どもが「このおもちゃ、あげるよ」と言ったら、おもちゃを引き渡す義務が発生すると考えるのはおかしいだろうか、おかしくないだろうか？

1. 権利能力

　「4歳の子どもが、治療費の支払を求める権利をもつか」という問いは、権利能力という概念に関わる。権利能力とは、権利義務の主体となりうる資格のことをいう。権利能力について正面から定める規定は、民法にはない。関係するのは、3条1項の「私権の享有は、出生に始まる。」という規定である。これは、人間は出生の時から権利能力を有するということで、直接には、権利（ないし義務）の主体となることができる時期はいつなのかを定めるルールである。しかし、このルールは、すべての人間が権利能力の主体になるというルールを前提にしていると考えられている。この前提となるルールは、権利能力平等の原則とも呼ばれる。この原則は当然のことのように感じられるかもしれないが、歴史的には必ずしも当然のものではない（奴隷制を想定してみよう）。近代の民法典は、この原則を確立する役割を果たした。

　この原則によれば、すべての人間は、その年齢や知的能力の程度にかかわらず、権利能力を有し、権利義務の主体になりうる（したがって、4歳の子どもも、治療費の支払を求める権利をもちうる）。もっとも、「出生に始まる」と定める3条1項からすると、出生前の胎児は権利義務の主体になりえないように思われる。しかし、本当にそのように割り切っていいだろうか。この問題に関係するのが、［判例 02］である。

2. 意思能力

「4歳の子どもが『おもちゃ，あげるよ』と言うと，おもちゃを引き渡す義務が発生するのか」という問いは，意思能力という概念に関わる。すべての人間が権利能力を有するとしても，その人の意思に基づいて権利を取得し，義務を負担することまでできるだろうか。たとえば，契約を考えてみよう。契約は，2人の意思の表示が合致することにより成立し，その契約に基づき，原則，意思表示どおりの権利義務が発生する。当事者の意思を尊重した制度である。では，自分の行為の法的意味——その行為によって，どのような権利義務が発生しうるのか——を理解できない者が，契約をした場合はどうか。このような場合に契約を有効とすることは，いわば，自分の意思に基づかない行為に拘束力を認めることを意味する。これは，当事者の意思を尊重するという，契約の制度趣旨に反する。このような考え方に基づいているのが，3条の2である。この規定は，法律行為——契約のように，意思に基づいて法的効果が発生する行為——をするには，自分の行為の法的意味を理解できる能力＝意思能力が不可欠であり，これを欠く行為の法的拘束力を否定する，という趣旨なのである（したがって，4歳の子どもが「このおもちゃ，あげるよ」と言い，相手が承諾しても，贈与契約が成立し，この子がおもちゃを引き渡す義務を負うわけではない）。

3. 行為能力

自分の行為の法的な意味を理解する能力を欠く者は，意思能力という概念により，契約等に拘束される危険から保護される。しかし，この保護は必ずしも十分なものではない。それは，意思能力を欠くことの証明が難しいからである。意思能力がないので義務を負担しないと主張する者は，契約を締結する時に自分の行為の法的意味を理解する能力がなかった，ということを明らかにしなければならない。しかし，日常生活を営んでいるが，時に認知症の症状が出る高齢者を想定すればわかるように，契約締結時の能力の程度を後になってから証明することは必ずしも容易ではない。また，意思能力がないとまでは言えなくても，判断能力が不十分で，契約により思わぬ不利益を受けてしまう危険をもつ者も存在し，このような者の保護も必要である。

そこで，民法は，判断能力が不十分であることが想定される一定の類型に属する者（未成年者や，精神上の障害をもつ者）について，自身の判断のみで確定的な法律行為をする能力＝行為能力を，一定の範囲内で制限する制度を設けている[*1]。行為能力を制限されている者（制限行為能力者）は，制限を受ける行為を単独では有効に行うことができず，単独でした行為は取消しの対象となる。また，制限行為能力者には保護者がつき，この保護者は，制限行為能力者が単独でした行為の取消権や，制限を受ける行為についての同意権，代理権をもつ（4歳の子どもも，親の代理等によれば，契約を締結できる）。

では，真実は行為能力を制限されている者が，制限を受けていない等と偽って単独で行為をした場合にも，取消しは可能だろうか。もちろん，取消しによって保護される制限行為能力者にとっては，取消しが可能なほうがよいが，他方で，行為能力者と問題なく契約を締結したつもりの相手方は，取り消されると困ってしまう。この問題に関係するのが，〔判例 03〕である。

[*1] 民法は，未成年者（5条参照），成年被後見人（9条参照），被保佐人（13条参照），被補助人（17条参照）について，行為能力が制限されることがあるとしている。

02 胎児の権利能力

阪神電鉄事件

大審院昭和7年10月6日判決（民集11巻2023頁）

事案をみてみよう

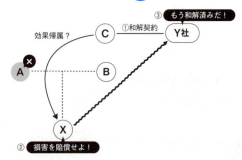

*1 | 内縁
婚姻届を出していないため、婚姻が成立していない（法律上の夫婦にはあたらない）が、社会的実体としては婚姻の実体をもつ関係のこと。内縁にどのような法的保護を与えるべきかについては、多くの議論が積み重ねられてきた。

　Aは、鉄道会社Y社が経営する鉄道路線の電車にひかれて死亡した。事故当時、Aには内縁の妻Bがおり、BはAとの間の子Xを懐胎していた。事故の翌月、BはXを出産した。Xは、Aの死亡により、Aの収入により生計を維持する利益を失うという財産的損害や、精神的損害などを被ったとして、それらの賠償をY社に求めた（Bの請求については省略する）（②）。

　控訴審は、種々の理由を挙げ、Xの請求が認められないと結論づけた。その理由のひとつは、Xの損害賠償請求権が仮に成立するとしても、すでに放棄され消滅しているというものであった。すなわち、上記事故後、Xの出生前に、Aの親族とBから、損害賠償の請求や受領等の権限を与えられたCが、Y社と交渉していた。そして、BがXを懐胎していることも考慮して1000円（現在の価値で約57万円）をY社が支払う代わりに、Bらは以後Y社に何の請求もしない旨の取り決めをしたので（以下、この約束を「本件和解契約」という）（①）、仮にXの損害賠償請求権が成立するとしても、本件和解契約によりこの請求権は放棄され消滅した（③）、と判断したのである。

✓ 読み解きポイント

　3条1項は、人間は出生の時から権利能力を有する旨を定めている。このルールによれば、本件事故当時のXのような出生前の胎児は権利能力を有さない。しかし、民法は、いくつかの事項について例外的に胎児にも権利能力を認めている。その一例として、721条は、損害賠償請求権については、胎児はすでに生まれたものとみなすと定めている。胎児も出生した以上、（Y社が起こした事故のような）不法行為がなされた時期が出生の前（＝胎児の時）か後かによって、その不法行為により生じた損害の賠償を求められるかどうかが変わるのは不公平である、という考えに基づくルールである。したがって、本件でも、本件和解契約を除いて考えると、出生前のY社の不法行為によって、出生後にXが損害賠償請求権を取得しうることに異論はない。しかし、本件では、Xの母であるBから授権を受けたCが、Xの出生前に本件和解契約を締結しており、この契約により、Xの請求権の消滅という効果が発生したかどうかが争われた。そして、その前提として、胎児である間のXの損害賠償請求権は、法的にどのような性質をもつのかが問われたのである。

📖 判決文を読んでみよう

「民法は胎児は損害賠償請求権に付き既に生れたるものと看做したるも、右は胎児が不法行為のありたる後生きて生れたる場合に不法行為に因る損害賠償請求権の取得に付きては出生の時に遡りて権利能力ありたるものと看做さるべしと云うに止まり、胎児に対し此の請求権を出生前に於て処分し得べき能力を与えんとするの主旨にあらざるのみならず、仮令此の如き能力を有したるものとするも、我民法上出生以前に其の処分行為を代行すべき機関に関する規定なきを以て、前示Cの交渉は之を以てXを代理して為したる有効なる処分と認むるに由」はない。

> ↓ **この判決が示したこと** ↓
>
> 胎児の間の不法行為に基づく損害賠償請求権の取得が認められるのは、出生によって遡って権利能力があるとみなされるからであり、胎児が（胎児の間に）この権利を処分する能力をもつわけではなく、胎児に代わって処分する機関についての定めも民法にはないので、本件和解契約によりXの権利が処分されたとはいえない、とした。

 解説

Ⅰ. 胎児の損害賠償請求権の法的性質

胎児の損害賠償請求権の法的性質について、学説では、2つの考え方がある。第1は、胎児である間は権利能力がなく、生きて生まれた時に初めて、胎児であった時に権利能力があったとみなす、という考え方である。「停止していた」権利能力の発生という効果が出生を条件に発生する、という意味で、「停止条件説」と呼ばれる。第2は、胎児である間にすでに権利能力は認められるが、死産だった場合は、当初から権利能力がなかったとみなす、という考え方である。権利能力の発生という効果が死産を条件に「解除される」という意味で、「解除条件説」と呼ばれる。出生した場合に遡って権利能力があるとみなされる、との本判決の判示は、停止条件説に親和的である。出生前（胎児の間）はまだ権利能力がないならば、Xの出生前の本件和解契約によってXの権利が消滅することはありえないことになる。

Ⅱ. 胎児の権利の処分可能性

もっとも、本件で解除条件説をとったとしても、当然に、本件和解契約によりXの請求権が消滅したことにはならない。胎児の間に権利能力が認められても、その胎児の権利は誰が処分できるか、という問題は残るからである。もちろん、胎児自ら処分することは不可能なので、処分しうるとすると、他人である。この点、本判決は、民法には胎児の権利を処分する機関に関する規定がないため、（Xの母Bから権限を与えられた）Cが締結した本件和解契約は有効でないとした。処分権限を与えられた者が胎児の利益を適切に図らない場合、胎児に不利益がもたらされる。その点を重視すれば、胎児の権利の処分権限を他人に付与しないという考え方は、妥当と評価できる。

---

*2 | 機関
本人の活動を可能にする人や組織をいう。たとえば、法人の場合は、社員総会や理事等の機関により、（本人たる）法人の活動が可能になる。

*3 | 現代語訳
「民法は、胎児は損害賠償請求権についてすでに生まれたものとみなしているが、それは、胎児が不法行為があった後に生きて生まれた場合に、不法行為による損害賠償請求権の取得については出生の時に遡って権利能力があったものとみなされるべきというだけであって、胎児に対し、この請求権を出生前に処分できる能力を与えようとする趣旨ではないだけでなく、仮にこのような能力を有しているとしても、民法上、出生以前にその処分行為を代行すべき機関に関する規定はないので、前述のCの交渉は、Xを代理して行った有効な処分と認めることに理由」はない。

*4 |
なお、本判決は「出生の時に遡って」と述べているが、出生時以降に権利能力が認められるのは当然なので、「出生時以前に（具体的には胎児になった時あるいは不法行為時に）遡って」という意味であろう。

*5 |
もっとも、そのような不利益は出生後の子にも同じく生じうることや、胎児の権利について誰も処分権限を有さないという状態が逆に胎児にとって不利益になりうることを重視するのであれば、解除条件説をとった上で、一定の場合に胎児の権利の処分権限を他人に付与することを認める考え方にも、相応の理由がある。

011

03 制限行為能力者の詐術

最高裁昭和44年2月13日判決（民集23巻2号291頁）

事案をみてみよう

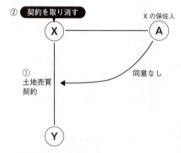

知能の程度が低く，賭事の資金を得るために先祖伝来の相続財産を次々に処分してしまっていたXが，準禁治産宣告を受けるに至り，妻であるAが保佐人となった。[*1]

Xは，Yからの借入金の返済にあてるため，所有する土地を売却する契約をYとの間で締結した（①）。準禁治産者であるXが土地の売却を行うには，保佐人の同意が必要であるのに（現13条1項3号参照），Xは保佐人Aの同意を得ていなかった。契約締結にあたり，Xは代金額の決定，登記関係書類の作成などに関して積極的に行動した（㋐）。また，Xは，取引の過程で，「自分のものを自分が売るのに何故妻に遠慮がいるか」等と発言した（㋑）。Yは，契約時にXが準禁治産者であることを知らなかった。

Xは，保佐人Aの同意がなかったことを理由に，上記契約を取り消し（②），上記土地のY名義の所有権移転登記の抹消登記手続等を求めた。それに対して，Yは，Xが「詐術」（現21条）をしたため，取消しは認められないと反論した。

控訴審は，Xの上記㋐の行動も，売主の行動として不自然ではなく，自分が能力者である（行為能力を制限されていない）と信じさせる目的で行ったものとはいえず，上記㋑の発言も，自分の能力に関しての発言ではない等の理由を挙げ，Xは準禁治産者であることを黙秘していたけれども，進んで自己が能力者であることを告げた事実もなく，詐術を用いたと認めることはできないと判断した。

*1 | 準禁治産
平成11年（1999年）の民法改正以前の制度であり，心身耗弱者と浪費者を対象にし，これらの者の行為能力を制限する代わりに保佐人を付す制度。平成11年改正前は，成年の行為能力に関する制度は，禁治産と準禁治産の2本立てであったが，改正により，現在の成年後見・保佐・補助の3つから成る制度となり，各類型の規律内容も一新された。

✓ 読み解きポイント

未成年者及び成年被後見人・被保佐人（本判決当時は，禁治産者・準禁治産者）は，それぞれ法が定める範囲内で，行為能力の制限を受ける（被補助人も，制限を受ける場合がある）。すなわち，一定の範囲の契約等については，単独ですることができず，単独で締結した契約等は取消しの対象になる。その趣旨は，判断力の不十分な未成年者等を，契約から生じる不利益から守ることにある。もっとも，契約の取消しを認めると，契約が有効であると信じた契約相手方に不利益を与える。しかし，行為能力の有無について確認を行わなかった点で，相手方に落ち度があるともいえることから，未成年者等の保護が優先されている。準禁治産者は，土地の売却を，保佐人の同意なく単独で行うことはできない（現13条1項3号参照）が，本件では，準禁治産者であるXが保佐人Aの同意を得ずに土地を売却した。したがって，原則

的には，Xはこの契約を取り消すことができるはずである。
　しかし，以上の原則ルールに対し，21条は，行為能力の制限を受ける者が詐術を行った場合には，例外的に，契約を取り消すことができない，というルールを設けている。この例外ルールは，詐術をする者は保護に値しないこと，また，詐術によって行為能力に制限のない者との契約である（したがって，契約は取り消されない）等と誤信させられた契約相手方の信頼を保護する必要性が高いことによって基礎づけられる。そこで，本件でも，Xが「詐術」を行ったと評価できるならば，Xの取消しは認められない。では，Xの行為は「詐術」にあたるだろうか？　そもそも，「詐術」とは，どのような行為だろうか？

📖 判決文を読んでみよう

「民法20条〔現21条〕にいう『詐術を用いたるとき』[*2]とは，無能力者が能力者であることを誤信させるために，相手方に対し積極的術策を用いた場合にかぎるものではなく，無能力者が，ふつうに人を欺くに足りる言動を用いて相手方の誤信を誘起し，または誤信を強めた場合をも包含すると解すべきである。したがって，無能力者であることを黙秘していた場合でも，それが，無能力者の他の言動などと相俟って，相手方を誤信させ，または誤信を強めたものと認められるときは，なお詐術に当たるというべきであるが，単に無能力者であることを黙秘していたことの一事をもって，……詐術にあたるとするのは相当ではない。」

「詐術に当たるとするためには，無能力者が能力者であることを信じさせる目的をもってしたことを要すると解すべきである」。

[*2] 民法典の規定の現代語化等を行った平成16年（2004年）改正前の文言。

↓ この判決が示したこと ↓

「詐術」には，積極的術策を用いた場合でなくても，ふつうに人を欺くに足りる言動を用いて相手方の誤信を誘起し，または強めた場合も含まれ，さらに，能力者であることを信じさせる目的をもってしたことを要するとした。その上で，本件の事実関係等によれば，Xの行為は詐術にあたらないとした控訴審の判断は是認できるとした。

👆 解説

I．詐術の判断基準

「詐術」の判断基準につき，本判決は，一方で，積極的術策を用いた場合に限るものではないとしつつ，他方で，単に無能力者（現在の用語法によれば制限行為能力者）であることを黙秘していたことだけでは，詐術にあたらないとした。すなわち，「ふつうに人を欺くに足りる言動」によって「相手方の誤信を誘起し，または誤信を強めた」といえるかどうかが判断基準であり，能力の制限について黙秘していたとしても，他の言動とあいまって，誤信させ，または誤信を強めれば，詐術にあたるという。したがって，「詐術」の有無を，能力についての言動の有無などで形式的に決めること

[*3] たとえば，真実は被保佐人なのに，被保佐人でない旨の登記事項証明書（後見登記等に関する法律10条1項1号参照）を偽造した場合などが考えられる。

はできず，制限行為能力者の言動全体をとらえて上記の判断基準にあてはまるかを総合的に判断する必要がある。なお，同じ制限行為能力者でも，未成年者の場合は，成年被後見人等の場合に比べ，相手方に誤信があった（誤信を強めた）と認められにくいだろう（相手方にとっては，未成年者であると認識することや確認することは，より容易なので）。本判決は，さらに，言動が「能力者であることを信じさせる目的」でなされたことも必要という。

II．本件事案の評価

本件では，X は自分が能力者である（行為能力を制限されていない）ということを直接的に述べておらず，無能力者（制限能力者）であることを黙秘していたといえるケースである。では，他の言動はどうか。この点，代金額の決定や登記関係書類の作成について X が積極的に行動していたという事実（〔事案をみてみよう〕⑦参照）があるが，これは，X が売買契約の締結に必要な行動を行っていたというにすぎない。また，「なぜ妻に遠慮がいるのか」という X の発言（〔事案をみてみよう〕④参照）も，A に相談せず売ることで夫婦関係に問題が生じないかという Y の関係者の懸念に対して答えたものにすぎず，X の行為能力が制限されていないことを示唆するわけではない。したがって，X の言動は「ふつうに人を欺くに足りる言動」とはいえず，また，Y も，X の言動によって X が行為能力者であると誤信した（または，行為能力者であるとの誤信を強めた）とはいえない。X の言動が「能力者であることを信じさせる目的」でなされたものであるとも評価できない。このような考え方により，本判決は，X が「詐術」を用いたとは認めなかった控訴審の判断を是認したものと考えられる。

Chapter III

法人

民法が「人」と認めるのは，生身の人間，つまり「自然人」だけではない。団体や一定の財産を，法の力によって人とみなし，それに権利や義務が帰属すると観念する。これを，法によって認められた人，という意味で，法人と呼ぶ。

法人では，自然人にみられない問題が生じる。法人は，法が一定の趣旨に基づいて「人」と認めたものである。また，自然人と異なり物理的な実体があるわけではなく，観念的な存在なので，内部の意思決定にも，外部との行為（契約など）にも，他の人間の関与が不可欠である。そこで，第1に，法人がある意思決定をしたとき，その決定が，法人を認める法の趣旨に反しないか，法人内部の人間の利益を害さないかが問題になる。第2に，誰がどのような行為をした場合に法人の権利義務が発生するのかが問題になる。第3に，法人にはなっていない団体に，法人に類する地位が認められうるかが問題になる。これらの問題についてどのようなルールが設けられているだろうか。

Contents
- I 通則——基本原則
- II 人
- **III 法人** ← ココ！
- IV 法律行為・意思表示
- V 代理
- VI 時効

法人

Introduction

僕が入っているサークルで，震災復興のために，1人1万円ずつ出して寄付をすることが決まったんだよね。震災復興のために協力するのは個人的にはやぶさかではないのだけど，そういうことをするためにサークルに入ったつもりではないんだけどな……。

　法人では，さまざまな問題が発生する。たとえば，環境美化のためにAらが設立した法人Bで，「世界の恵まれない子のために1人1万円ずつ寄付しよう」という決議が多数決でなされたとしよう。するとAは，予想外の展開に戸惑うかもしれない。あるいは，Bの代表者Cが，活動資金をつくるため，独断でBの事務所を売ってしまったとしよう。後日その事実を知ったAは，活動拠点を失うことを不安に思うかもしれない。このような問題が法人では生じうる。では，Aらが，法人にはならずに団体活動をしている場合はどうか。法人とそれ以外の団体のルールはどう違うのだろうか。

1．法人の目的の範囲
　法人は，特定の目的を有する。法人の目的は，法によって直接に定められている場合もある。また，法人の構成員は，その法人の目的を前提に，構成員になっている。したがって，法人がその目的に反する意思決定をした場合，法が目的を定めた趣旨や，構成員個人の利益を害さないかが問題になる［→判例 **04**］。

2．代表権の制限
　法人は，代表権をもつ者がその権限を行使することにより，権利を取得し義務を負う。もっとも，代表権には，法あるいは法人内部の決定により，制限が課されることもある。では，この制限を越えてなされた行為の効果はどうなるか。真実は権限がないとしても，権限があると信じた相手方の保護を図る必要はないか［→判例 **05**］。

3．権利能力なき社団
　民法は，法律の規定に従って成立したもののみを法人と認める[*1]。では，法人ではない団体でも，法人と同じように扱われるべき場合はないだろうか。これは，「権利能力なき社団」と呼ばれる問題で，たとえば，法人ではない団体を構成員とは別の権利義務主体と認めうるか，構成員の財産とは独立した「団体の財産」を認めうるかが問題になる［→判例 **06**］。

[*1] 33条1項。これを「法人法定主義」という。

Chapter III 法人

04 税理士会による政治資金の寄付

最高裁平成8年3月19日判決（民集50巻3号615頁）　　▶百選Ⅰ-7

🔍 事案をみてみよう

　Y（南九州税理士会）は，熊本，大分，宮崎，鹿児島各県の税理士を構成員として，税理士法に基づいて設立された法人であり，Xはその構成員である。Yは，税理士法改正運動のための特別資金とするため，各会員から特別会費5000円を徴収し，その全額を上記各県の税理士政治連盟（政治資金規正法上の政治団体）に配付する旨の総会決議をした。この特別会費を納入しなかったXが，Yに対し，この総会決議はYの目的の範囲外の行為で無効である等と主張して，特別会費の納入義務を負わないことの確認等を求めた。

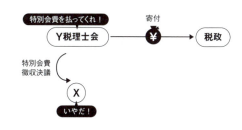

✓ 読み解きポイント

　34条は，法人は目的の範囲内において権利を有する旨を定めている。この規定については，従前，株式会社による政党への政治資金の寄付が「目的の範囲」に入るかが争われた最高裁判例が存在した。そこでは，定款に明示された目的に限らず，目的遂行に直接・間接に必要な行為はすべて「目的の範囲」に含まれるとして，かなり広い解釈がとられており，政党への政治資金寄付も目的の範囲に入るとの判断が下されていた。学説では，この解釈によれば目的の範囲に含まれない行為はほとんどないだろうと考えられてきた。

　本件では，政治団体への寄付のために特別会費として各会員から5000円を徴収する決議が，Y税理士会の目的の範囲内かどうかが争われた（税理士会の目的の範囲は，税理士法で定められており，その内容については，下記判決文(1)1～3行目を参照）。構成員であるXは，自己の意思に反するとしても，この寄付のための特別会費の徴収に協力しなければならないか？　目的の範囲，構成員の協力義務の範囲についての本判決の判断を，その理由づけに着目しながら読んでみよう。

*1 | 最大判昭和45・6・24民集24巻6号625頁（八幡製鉄政治献金事件）。

*2 | 定款
法人の目的や組織等に関する根本規則，またはこれを記載した書面。多くの法人では，設立に定款の作成が不可欠とされている（たとえば，会社法26条，一般社団法人及び一般財団法人に関する法律10条）。

📖 判決文を読んでみよう

(1)「税理士会は，税理士の使命及び職責にかんがみ，税理士の義務の遵守及び税理士業務の改善進歩に資するため，会員の指導，連絡及び監督に関する事務を行うことを目的として，法が，あらかじめ，税理士にその設立を義務付け，その結果設立されたもので，その決議や役員の行為が法令や会則に反したりすることがないように，大蔵大臣の……監督に服する法人である。また，税理士会は，強制加入団体であって，

*3 | 大蔵省を担当する国務大臣。大蔵省は平成13年（2001年）に財務省に改組された。

017

その会員には，実質的には脱退の自由が保障されていない……。

税理士会は，以上のように，会社とはその法的性格を異にする法人であり，その目的の範囲についても，これを会社のように広範なものと解するならば，法の要請する公的な目的の達成を阻害して法の趣旨を没却する結果となることが明らかである。」

(2)「法が税理士会を強制加入の法人としている以上，その構成員である会員には，様々の思想・信条及び主義・主張を有する者が存在することが当然に予定されている。したがって，税理士会が……する活動にも，そのために会員に要請される協力義務にも，おのずから限界がある。

特に，政党など規正法〔政治資金規制法〕上の政治団体に対して金員の寄付をするかどうかは，選挙における投票の自由と表裏を成すものとして，会員各人が市民としての個人的な政治的思想，見解，判断等に基づいて自主的に決定すべき事柄であるというべきである。」

(3)「前記のような公的な性格を有する税理士会が，このような事柄を多数決原理によって団体の意思として決定し，構成員にその協力を義務付けることはできないというべきであり……，税理士会がそのような活動をすることは，法の全く予定していないところである。税理士会が政党など規制法上の政治団体に対して金員の寄付をすることは……税理士会の目的の範囲外の行為といわざるを得ない。」

> ⇩ **この判決が示したこと** ⇩
>
> 　税理士会の目的の範囲は，株式会社のように広範ではなく，政治団体への寄付は会員の協力義務の限界を超える行為にあたり，税理士会の目的の範囲外の行為であると判断した。
>
> 　この判断の理由として，本判決は，第1に，税理士会の目的の範囲を広範に解すると，税理士法が要請する公的な目的の達成が阻害されてしまい，税理士法の趣旨が没却されてしまうこと（判決文(1)），第2に，税理士の強制加入団体である税理士会においては，構成員各自の思想・信条や主義・主張への配慮が必要であり，多数決による協力の義務づけには限界があること（判決文(2)）を挙げた。

 解説

Ⅰ．税理士会の目的の範囲

　本判決は，税理士会の目的の範囲は株式会社のように広範なものと解することはできないとした。そして，その理由として，2つの点を指摘する。

　ひとつは，税理士法が要請する公的な目的の達成を阻害してはならない，という点である。すなわち，税理士会は，「税理士の義務の遵守及び税理士業務の改善進歩に資する」という目的のために設立された法人であり，この目的の達成は社会全体の利益，つまり公益にかなう。このような公益を実現するために，税理士法は，税理士会を設立しなければならないことや，設立後は財務大臣の監督の下に置かれることなどを定めている。この点で，税理士会は，直接的には構成員である株主の経済的利益の

実現を目的とする株式会社と異なる。このような性格をもつ税理士会の「目的の範囲」を広範に解すると，税理士会の本来の目的達成によって実現されるべき公益が損なわれてしまうので望ましくない，というわけである。

もうひとつは，強制加入団体である税理士会においては，多数決による協力の義務づけには限界がある，という点である。税理士であれば加入を義務づけられる強制加入団体である税理士会においては，さまざまな思想・信条や主義・主張をもった人が集まる。そのような団体において，ある特定の思想・信条や主義・主張の支持につながるような行為が広く「目的の範囲」の行為と解されると，その思想・信条や主義・主張をとらない少数派にもその行為に協力する義務を課すことになるが，そのような協力の義務づけは望ましくない，というわけである。

II. 政治団体への寄付の評価

本判決は，「目的の範囲」についての上記のような解釈を前提に，本件におけるY税理士会の政治団体への寄付は，目的の範囲外にあたると評価した。

政治団体への寄付は，政治団体が特定の主義・施策の推進や特定の候補者の推薦等の政治活動を広範に行う団体であるがゆえに，選挙においてどの政党やどの候補者へ投票するかということと密接に関わる問題である。それゆえ，政治団体への寄付は個人が自己の思想・信条や主義・主張に基づいて自由に決定すべき事柄であって，公的な性格を有する税理士会において，政治団体へ寄付をするという多数派の決定に協力する義務を構成員に負わせるのは妥当ではない。このような理由により，本判決は，政治団体への寄付は税理士会の目的の範囲に入らないと判断した。

05 代表理事の代表権の制限

最高裁昭和60年11月29日判決（民集39巻7号1760頁） ▶百選Ⅰ-31

事案をみてみよう

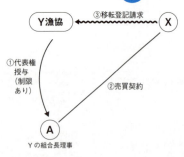

Aは，水産業協同組合法上の法人であるY漁業協同組合の組合長理事としてYの代表権を有していた（①）。Yの定款※1では，不動産等の固定資産の取得または処分に関する事項については，理事長は，理事会の決定に従って業務を処理しなければならない旨が定められていた。Aは，Y所有の本件土地の売買契約をXと締結したが（②），その際，Yの理事会の承認を得ていなかった。XがYに対して，本件土地売買契約に基づき本件土地所有権の移転登記手続を請求した（③）。

✓ 読み解きポイント

本判決当時の水産業協同組合法は，公益法人についての規定である民法旧53条・54条※2を準用していた。もっとも，これらの規定は平成18年（2006年）の改正により削除され，現在は存在しない。現行法のルールについては解説Ⅱで触れることにして，まず本判決当時のルールをみてみよう。

旧53条は，理事の包括的な代理権（代表権）を定款の規定等により制限できると定めていた。この規定からは，制限された代理権の範囲外の理事の行為は無権代理行為※3にあたり，本人は責任を負わないことになりそうである。しかし，旧54条は，この制限は善意の第三者（契約の相手方等を指す）に対抗できないと規定して，第三者の保護を図っていた。

本件では，Aは，理事会の決定に従うことを定めるYの定款規定にもかかわらず，理事会の決定を経ないでXと契約を締結している。この定款規定が，Aの代表権を制限するものと評価できるならば，Aの行為は無権代理行為ということになり，その効果は，原則，Y（本人）に帰属しないことになる。しかし，旧54条が適用できれば，例外的に，Yの代表権の制限をXに対抗できないので，XはYに対して契約に基づく責任を求めうる。では，本件では，この規定が適用できるだろうか？　適用するには，Xはどのような主張をする必要があるだろうか？　また，Xが上記のYの定款規定の存在を知っていた場合はどうだろうか？

📖 判決文を読んでみよう

「漁業協同組合は，水産業協同組合法45条の準用する民法53条，54条の規定により，定款の規定又は総会の決議によって特定の事項につき理事が代表権を行使するためには理事会の決議を経ることを必要とするなどと定めて理事の代表権を制限する

---

*1｜定款
法人の目的や組織等に関する根本規則，またはこれを記載した書面。誰でも自由に閲覧できるわけではなく，漁業協同組合の場合には組合員および組合の債権者が理事に対して閲覧を求める権利を有する（水産業協同組合法33条の2参照）。

*2｜
旧53条（法人の代表）
「理事は，法人のすべての事務について，法人を代表する。ただし，定款の規定又は寄附行為の趣旨に反することはできず，また，社団法人にあっては総会の決議に従わなければならない。」
旧54条（理事の代理権の制限）
「理事の代理権に加えた制限は，善意の第三者に対抗することができない。」

*3｜無権代理
ⅤのIntroduction（p.61）参照。

020

ことができるが，善意の第三者に対してはその制限をもって対抗することができないものであるところ，右にいう善意とは，理事の代表権に制限が加えられていることを知らないことをいうと解すべきであり，また，右の善意についての主張・立証責任は第三者にあるものと解すべきである。そして，第三者が右にいう善意であるとはいえない場合であっても，第三者において，理事が当該具体的行為につき理事会の決議等を得て適法に漁業協同組合を代表する権限を有するものと信じ，かつ，このように信じるにつき正当の理由があるときには，民法110条を類推適用し，漁業協同組合は右行為につき責任を負うものと解するのが相当である。」

↓ この判決が示したこと ↓

定款の規定等により，理事会の決議を必要とするなど理事の代表権が制限されており，理事が締結した契約がその制限に反するものであった場合でも，第三者（契約の相手方）が，自分は「善意」であること，すなわち，理事の代表権に制限があるとは知らないことを主張立証したときには，法人は契約に基づく責任を負うとした。

さらに，第三者が理事の代表権が制限されていることを知らなかった（つまり，善意であった）とはいえないとしても，第三者が，理事会の決議等によって理事が代表権をもつに至ったと信じ，かつ，それに正当の理由があるときには，法人は契約に基づく責任を負うとした。

その上で，XがAの代表権制限を知っていたこと（つまり，善意ではなかったこと），Yの理事会の承認によりAが本件売買契約締結の権限をもつに至ったとXが信じたことには正当な理由がないことを認定判断した控訴審判決を是認し，Xの移転登記手続請求を認めなかった。

 解説

I．本判決が示したルール

1 ▸ 旧54条の適用による第三者（契約の相手方）の保護

本判決は，固定資産の取得または処分に関する事項を理事会の決定事項のひとつとするYの定款の規定を，単に法人内部でとるべき手続を定めたものではなく，組合長のもつ包括的な代理権を制限するものであるという考え方を前提にしている。それゆえ，「固定資産の処分」にあたるY所有地の売却が理事会の決定を得ずに行われた本件では，Aの行為は無権代理行為にあたり，原則，Y（本人）は責任を負わない（Xは保護されない）。しかし，旧54条によれば，「善意の第三者」は保護される。そこで，どのような者が「善意の第三者」にあたるかが問題となるが，本判決は，旧54条が定める「善意」とは，理事の代表権に制限が加えられていることを知らないことであるとした。そして，その主張立証責任は第三者が負うべきであると解した。無権代理行為については本人は責任を負わないのが原則であり，本人に責任を負わせる旧54条が例外ルールなので，その例外ルールの適用により利益を受ける第三者が「善意」について主張立証責任を負う，という考えであろう。

*4 | **主張立証責任**
裁判においてある事実を主張立証できなかった場合に，不利益を受けることをいう。たとえば，旧54条の「善意」について主張立証責任が第三者にあるならば，「善意」について主張がなかった場合や立証活動の結果立証できなかった場合には，第三者が不利益を受ける，つまり，第三者の本人に対する請求は認められない。

2 ▶▶ 110条の類推適用による第三者（契約の相手方）の保護

　理事の代表権が定款等で制限されていても，一定の要件（本件では理事会の決定）を満たすことにより理事が代理権を有するに至る場合がある。そうすると，理事の包括的な代理権の制限について善意ではない者でも，この要件を満たして理事が代理権を取得するに至ったと信じることはある。そして，本来は包括的な代理権を定款等で制限されていた理事が制限事項についても代理権を取得するに至ったと信じる第三者の立場は，基本権限を有する者がその権限の範囲外の契約についても代理権を有すると信じた契約の相手方の立場と類似している。そこで，本判決は，後者の場合に適用される110条[*5]を類推適用[*6]し，理事が代理権を有するに至ったと信じ，それに正当の理由がある場合には，本人にあたる法人が責任を負うと解した。単に信じたこと（善意）だけではなく，信じたことについての正当の理由も必要とされるので，第三者は，理事が当該契約について代理権を有しているかどうかを調査しなければならない（調査を怠った場合は「正当の理由」なしとして保護されない）。

　善意だけで足りる旧54条の場合との違いは，理事は原則として包括的な代理権（代表権）を有するので，第三者は当該契約について理事が代理権を有すると信じてよいが（定款の調査等により，代理権が制限されている可能性を調査しなくても，善意でありさえすれば旧54条により保護される），ひとたび理事の代理権が制限されていることを知った（知らなかったとはいえない）以上は，その第三者は制限事項に該当する当該契約について理事が代理権を有するかどうかを個別に調査するべき（調査を怠った場合は，代理権があると信じた「正当の理由」なしとして保護されない）との考え方により正当化される。

Ⅱ．現行法下での状況

　平成18年（2006年）の改正により，民法の公益法人制度が廃止され，代わりに，非営利法人についての「一般社団法人及び一般財団法人に関する法律」が制定された。代表理事の包括的な代理権限を定める同法77条4項，その制限は善意の第三者に対抗できないと定める同条5項は，民法旧53条・54条に類似している。もっとも，この現行法の下では，本件のように，定款による代理権の制限に反して理事が契約をした場合の第三者保護について論じた最高裁判例は登場していない。

---

*5 ｜ 110条については，［判例20］，［判例21］を参照。

*6 ｜ 類推適用
あるルールAが適用される事実関係aではないが（それゆえ［直接］適用はできない），aと本質的な点で同じと評価できる事実関係bに，ルールAを適用すること。

06 権利能力なき社団

最高裁昭和39年10月15日判決（民集18巻8号1671頁）　　▶百選Ⅰ-8

事案をみてみよう

　Xは，昭和21年7月頃，「A社団法人杉並支部」という名で，杉並区内に居住する引揚者によって結成された団体であり，本件マーケットの設置・運営を主たる事業としていた。Xは法人格を取得していなかった。[*1][*2]

　昭和21年9月頃，Xは，本件マーケットの敷地として利用するために，B所有の本件土地について賃借人をX名義とする賃貸借契約を締結し，この土地の上に南北3列の店舗を建設した。店舗内は小間（出店や居住のスペース）に分かれており，Xは，会員に各小間を分与し，会員である限りそれぞれ分与された小間の敷地を使用することを認めた。そして，Xは，会員から徴収した会費でBに地代を払ってきた。Xの会員であったYは，自身が所有する店舗建物（本件マーケットの中間列に位置する店舗の小間）の敷地として本件土地の一部を使用する権利を有していた。

　昭和25年3月，本件マーケットの中間列の店舗を撤去する旨のXの総会決議がなされたが，撤去対象の店舗建物の評価額をめぐる見解の相違から，Yは撤去を拒んだ。そこで，Xは，店舗建物の撤去およびその敷地の明渡しをYに求めて訴えを提起した。

　Xは，本件土地の賃借人となったのはXであり，Xの構成員として店舗敷地を使用する権利を認められていたYは，上記の総会決議後にXを脱退したためその権利を失った等と主張した。Yは，法人格を有さないXは賃借権を取得できないのであり，Yは個人として自身の店舗建物の敷地の賃借権を取得している，本件土地の賃貸借契約がX名義でなされたのは各使用者らが個別に契約をすることがBにとって煩雑であったなどといった便宜上の理由による，等と反論した。

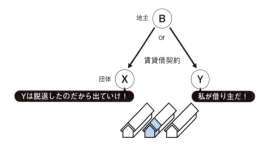

*1｜時代背景
第二次世界大戦での敗戦により，移住先の朝鮮半島，台湾，満州，東南アジア等から帰国（引揚げ）した人々を引揚者という。その数は，全国で約600万人にも及ぶ。また，当時，本件のように，引揚者によるマーケットが各地につくられていた。
↓初期の引揚者更生マーケット（東京都荻窪）。『引揚援護の記録』（引揚援護庁，1950年）より。

*2｜
正確には，原告は，Xが改組して設立され，Xの権利義務一切を承継したC株式会社である。

✓ 読み解きポイント

　法人は，自然人と並んで，契約の当事者，権利義務の主体になりうる。本件でも仮にXが法人格を取得していたならば，Xがその名で契約を締結し権利を有しうることは明らかであり，Xは本件土地の賃借人となりうる。しかし，実際は，Xは法人格を取得していない団体である。では，このようなXは，どのような場合に賃借権をもちうるのだろうか。そもそも，「法人ではない団体Xが賃借権をもつ」とは，いった

023

いどういう意味なのだろうか。

📖 判決文を読んでみよう

(1)「法人格を有しない社団すなわち権利能力のない社団については，民訴46条〔現29条〕がこれについて規定するほか実定法上何ら明文がないけれども，権利能力のない社団といいうるためには，団体としての組織をそなえ，そこには多数決の原則が行なわれ，構成員の変更にもかかわらず団体そのものが存続し，しかしてその組織によって代表の方法，総会の運営，財産の管理その他団体としての主要な点が確定しているものでなければならないのである。しかして，このような権利能力のない社団の資産は構成員に総有的に帰属する。そして権利能力のない社団は『権利能力のない』社団でありながら，その代表者によってその社団の名において構成員全体のため権利を取得し，義務を負担する」。

(2)「〔本件の〕事実関係によれば，Xは，支部という名称を有し，その規約はAの定款と全く同旨のものであったが，しかし，それ自体の組織を有し，そこには多数決の原則が行なわれ構成員の変更に拘らず存続をつづけ，Aとは異なる独立の存在を有する権利能力のない社団としての実体をそなえていたものと認められるのである。従って，Bと右権利能力のない社団であるXの代表者との間で締結された本件土地賃貸借契約により，Xの構成員全体はXの名の下に本件土地の賃借権を取得したものというべく，右と同趣旨の原判決は正当である。」

*3｜定款
〔判例04〕*2参照。

> ⬇ **この判決が示したこと** ⬇
>
> Xのように法人格をもたない団体であっても，①団体としての組織を備えている，②多数決の原則が行われている，③構成員の変更にもかかわらず団体そのものが存続する，④団体としての主要な点が確定している，という4つの要件を満たす場合には，「権利能力のない社団」にあたるとした。
> そして，権利能力なき社団の財産は，構成員に総有的に帰属する，つまり，構成員全体が財産をもつことを明らかにした。

解説

Ⅰ．権利能力なき社団の要件

本件について，本判決は，「権利能力のない社団」という概念を用いて解決を図った。すなわち，①団体としての組織を備え，②多数決の原則が行われ，③構成員の変更にもかかわらず団体そのものが存続し，④その組織によって代表の方法，総会の運営，財産の管理その他団体としての主要な点が確定している，という4つの要件を満たす場合には，「権利能力のない社団」にあたるとした。続いて，本件のXは，これらの要件をいずれも満たし，A法人支部という名称や，A法人と定款を同じくする

という事情があるとしても，A法人とは独立した「権利能力のない社団」にあたると判断した。

Ⅱ．権利能力なき社団の効果

　本判決は，財産が構成員に総有的に帰属し，代表者によって社団の名で構成員全体のために権利を取得することを「権利能力のない社団」の効果と解した。そして本件においては，Xの代表者によって締結された契約によりXの構成員全体が本件土地の賃借権を取得した，と判断した。法人の場合には法人それ自体が権利主体となり，その財産は法人構成員の個人財産とは区別される独立した財産となる。それに対して，法人格をもたない権利能力なき社団の場合には，財産が構成員に総有的に帰属する，つまり構成員全体に帰属すると解することによって，構成員個人の財産とは区別される「団体の財産」を観念することが可能となった。本判決は，このように，（本件土地の使用者個人ではなく）「Xの構成員全体」が賃借権をもつと解することによって，「法人格をもたないXは権利主体にはなりえず，本件の賃貸借契約により賃借権を取得するのは，土地使用者個人である」というYの主張をしりぞけ，「賃借権をもつのは（団体である）Xである」と主張するXを勝たせたのである。

*4｜関連判例
権利能力なき社団の代表者が社団の名でした取引によって債務が生じたとき，その債務の支払義務を社団の構成員が負うかという問題につき，最判昭和48・10・9民集27巻9号1129頁（百選Ⅰ-9）は，このような債務は社団の構成員全体に総有的に帰属するので，社団の総有財産のみから支払を受けるべきであり，構成員個人は支払義務を負わないと判断した。

Step Up
もう一歩先へ

[**判**例04]（以下「①事件」と呼ぶ）のように，法人による寄付と当該法人の「目的の範囲」の関係が問題になった最高裁判例は，他にもある。

第1に，株式会社が政党に行った政治資金の寄付について，取締役の任務懈怠責任（会社423条1項参照）の有無が争われ，政治資金の寄付も会社の目的の範囲内であり，民法90条に違反しないと判断した最大判昭和45・6・24民集24巻6号625頁がある（[判例04]〔読み解きポイント〕も参照）（②事件）。第2に，労働組合において，公職選挙立候補者の選挙運動支援資金としてその所属政党に寄付するための臨時組合費の納付義務の有無が争われ，労働組合の目的の範囲内の活動すべてについて組合員の協力を強制できるわけではなく，納付義務は認められないと判断した最判昭和50・11・28民集29巻10号1698頁がある（③事件）。第3に，司法書士会において，震災により被災した他の司法書士会への寄付のための，特別負担金の納付義務が争われ，このような寄付も目的の範囲を逸脱するとはいえず，会員の協力義務はあると判断した最判平成14・4・25判時1785号31頁がある（④事件）。

これら4つの事件につき，3点指摘しよう。

第1に，これらの事件はいずれも，法人と取引相手の間の契約の効力が争われた事案ではない。すなわち，「目的の範囲」の解釈にあたって，相手方の信頼保護（「目的の範囲」を厳格に解して法人の権利能力を否定すると，相手方の信頼を害することになること）を考慮する必要はなかった事案である。

第2に，これらの事件では，寄付が，α．当該法人に社会的に期待される活動といえるか（②事件），β．法が法人の目的を限定した趣旨を損なわないか（①④事件），γ．構成員の利益を害さないか（全事件），という異なる問題が問われた。そして，①事件ではβ・γ双方が「目的の範囲」の問題として論じられたが，②事件では，αが「目的の範囲」，γが「民法90条違反」の問題として，③事件では，γが「協力義務の有無」の問題として，④事件では，βが「目的の範囲」，γが「協力義務の有無」の問題として，論じられた。

第3に，これらの事件は，a．団体の性格（強制加入団体〔①④事件〕，任意加入団体〔②③事件〕），b．寄付の目的（政治資金〔①②③事件〕，災害復興支援金〔④事件〕），c．寄付の財源（一般財源〔②事件〕，寄付目的の特別徴収金〔①③④事件〕）等，いくつかの軸に基づいて分類できる。そして，一般的には，aについては「強制加入団体」，bについては「政治資金」，cについては「寄付目的の特別徴収金」のほうが，相対的に，構成員の利益を害するおそれが大きいと考えられている。aは，構成員に脱退が認められない「強制加入団体」では，脱退によって自身の意に反する法人の決定から免れる余地がないからである。bは，「政治資金」のほうが，思想・信条の自由，投票の自由などの構成員個人の自由との抵触が著しいためである。cは，「寄付目的の特別徴収金」のほうが，構成員の負担と寄付の関係がより直接的と考えられるからである（③事件は，「労働組合が組織として支持政党又はいわゆる統一候補を決定し，その選挙運動を推進すること自体は自由である」と述べているところ，この「推進」のためには通常は一般財源が用いられると考えられる）。

もっとも，a「任意加入団体」，b「災害復興支援金」，c「一般財源」なら，構成員の協力義務に制限はないといってよいのだろうか。たとえば，aについて考えてみると，強制加入団体ではなくても，事実上脱退の困難な団体は存在することをふまえると，「強制」／「任意」で二分することは妥当か，という疑問が生ずる（実際，③事件も，構成員の協力義務の範囲に限定を加えるべき理由として，労働組合において脱退の自由が事実上大きな制約を受けていることを挙げている）。さらに，脱退の事実上の困難性がそれほど大きいとはいえない団体だとしても，「多数決でなら，何を決めてもいいじゃないか。いやなら出ていけばいい」という考え方をどこまで貫徹してよいかは，一考を要する。b「災害復興支援金」や，c「一般財源」についても，問題がないか，検討の余地がある。各自で，考えてみてほしい。

	①事件	②事件	③事件	④事件
a．団体の性格	強制	任意	任意	強制
b．寄付の目的	政治資金	政治資金	政治資金	災害復興支援金
c．寄付の財源	特別徴収金	一般財源	特別徴収金	特別徴収金

Chapter IV

本章で学ぶこと

1. 法律行為
2. 意思表示

法律行為・意思表示

　たとえば，人あるいは法人が，自己の財産を売却するには，相手方と売買契約を締結する必要があり，売買契約を締結するためには，一方の申込みと他方の承諾という意思表示が合致する必要がある。そして，権利義務の発生や消滅などの効果を生じさせるもののうち，契約のように，意思表示を構成要素とするものを法律行為という。では，売買契約を有効に行うためにはどのような要件が必要だろうか。また，物の引渡し条件や代金支払時期などに関する合意の意味内容が不明確であったり，争いがあったりする場合にはどうすればよいのだろうか。売買契約，あるいはその申込みや承諾が，嘘や勘違い，ないし相手方にだまされたり脅されたりして行われたものである場合，売買契約やその申込み・承諾の効力はどうなるのだろうか。本章ではこうした問題に関する判例について学習する。

Contents

Ⅰ　通則──基本原則
Ⅱ　人
Ⅲ　法人
ココ！ Ⅳ　法律行為・意思表示
Ⅴ　代理
Ⅵ　時効

Chapter IV 法律行為・意思表示

1

Introduction

Contents
ココ! Ⅳ-1 法律行為
　　 Ⅳ-2 意思表示

法律行為

民法の授業で，契約は当事者が自由に内容を決めていいって習ったけど，人殺しを依頼する契約なんかも有効なの？

　民法の大原則として，人は自らの法律関係を自らの意思で形成できるという，私的自治の原則がある。そこから，契約を締結するかしないか，誰と締結するか，どのような内容にするか，どのような条件を付けるかなどは，原則として，すべて当事者の自由にまかされている。しかし，その契約が殺人の依頼だったり，麻薬の売買であっても，そのとおりの効力を認めてもよいのだろうか。また，合意の意味や内容について争いがある場合，契約の解釈はどのように行われるのだろうか。さらに，解釈によっても契約内容が確定できなかった場合，契約の効力はどうなるのだろうか。

1．法律行為の意義と種類

 法律行為の種類と例

契約

売ってください（申込み）　わかった。売ろう（承諾）

単独行為

死んだ後の財産は息子に譲ります（遺言）

合同行為

会社を設立しよう

　契約を締結するためには，一方の申込みと他方の承諾という向かい合った2つの意思表示が合致する必要がある。そして，契約のように，権利義務の発生や消滅などの効果を生じさせるもののうち，意思表示を構成要素とするものを法律行為という。たとえば，売買契約は，申込みと承諾という向かい合った2つの意思表示の合致により成立し，目的物引渡義務と代金支払義務を発生させる法律行為である。
　法律行為には，向かい合った2つの意思表示の合致によって成立する契約のほかに，遺言のように，ひとつの意思表示だけで法律効果を生じさせるもの（単独行為），会社の設立のように，同じ方向を向いた複数の意思表示が結合して成立するもの（合同行為）がある。ただ，法律行為の多くは契約であるため，法律行為に関する説明は，契約を例に行われることが多い。

2．法律行為の有効要件

　申込みと承諾の合致により契約（法律行為）が成立した場合，私的自治の原則からすれば，当事者が行った合意どおりの効力が認められるのが原則である。しかし，殺人の依頼や麻薬の売買に裁判所が手を貸すわけにはいかない。このような場合には，契約は公序良俗違反として無効となる（90条）。法律行為を有効と認めるために，法

的あるいは社会的観点から備えていなければいけない要件のことを，有効要件という。有効要件には，内容の確定性と内容の適法性・社会的妥当性がある。

(1) 内容の確定性

法律行為が有効であるためには，その内容が確定していなければならない。債務の履行として，何を渡すべきか，何をするべきかが決まっていなければ，当事者はどうしたらよいか判断できないし，訴訟を提起された裁判所も，当事者に何を命じてよいか判断できないからである。

(2) 内容の適法性・社会的妥当性

法律行為の内容は，適法なもの，社会的に妥当なものでなければならない。これにつき，90条は，「公の秩序又は善良の風俗に反する法律行為は，無効とする。」と定めているが，「公の秩序又は善良の風俗」(公序良俗)といっても，その内容は明確でない。そこで学説は，判例を整理・分類して，その内容を具体化する努力を行っている。

公序良俗違反とされる代表的なものとしては，①犯罪に関する契約，②とばく行為，③性道徳に反する行為［→判例07］，④暴利行為［→判例08］，⑤基本的人権の尊重という理念に反する契約［→判例09］などがある。

また，適法性という点では，取り締まりの観点から，各種の行政法規に罰則を置いて，一定の行為を禁止する旨の定めが設けられていることがある。こうした行政法規に定められた規定（取締規定）に違反して締結された契約が有効かどうかも問題とされている［→判例10］。

3．法律行為の解釈

内容の確定性や内容の適法性・社会的妥当性は，契約などの法律行為の意味するところが明らかであることを前提としている。しかし実際には，そもそも契約の内容が明らかでない，契約書の記載がいろいろな意味にとれるといったことが生じる。こうした場合には，まず，言葉の意味のほか，当事者が契約をした動機，契約締結に至るやりとり，地域の慣習などを考慮に入れて，法律行為を解釈し，その内容を明らかにすることが必要となる［→判例11］。

07 性道徳に反する行為──愛人への遺贈

最高裁昭和61年11月20日判決（民集40巻7号1167頁） ▶百選Ⅰ-12

🔍 事案をみてみよう

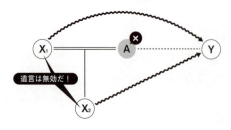

昭和50年10月に死亡したAは，遺産のすべてをX_1・X_2およびYに各3分の1ずつ遺贈する旨の遺言を行っていた。相続人は妻X_1と子X_2であったが，Aは，昭和44年頃から，Aが所有していたマンションにYと寝泊まりするようになり，以後Aの死亡時まで，半同棲のような形で不倫な関係を継続していた。

X_1・X_2が，遺言は不倫な関係の維持継続のためにのみなされたものであり公序良俗（90条）に反するとして，遺言の無効確認を求めたのに対して，第1審および控訴審はともに，本件遺言は公序良俗に反しないとした。X_1・X_2より上告。

*1｜
遺贈とは，遺言によって，被相続人（本件ではA）の財産を，相続人（X_1・X_2）または相続人以外の人（Y）や法人に対して，無償で譲ることをいう。このうち，「甲土地をYに与える」というように，遺産のうちの特定の財産を示して行うものを特定遺贈，「全遺産の3分の1をYに与える」というように，遺産全体に対する配分割合を示して行うものを包括遺贈という（964条）。

✅ 読み解きポイント

90条は「公の秩序又は善良の風俗〔公序良俗〕に反する法律行為は，無効とする。」と定めており，性道徳に反する行為は公序良俗違反とされる代表的なもののひとつである。本件でAが行った遺言は，不倫の相手方である女性Yに，遺産の3分の1を遺贈するというものであったが，これは，公序良俗に反し，無効とされるだろうか。

📖 判決文を読んでみよう

「(1)亡Aは妻であるX_1がいたにもかかわらず，Yと遅くとも昭和44年ごろから死亡時まで約7年間いわば半同棲のような形で不倫な関係を継続したものであるが，この間昭和46年1月ころ一時関係を清算しようとする動きがあったものの，間もなく両者の関係は復活し，その後も継続して交際した，(2)Yとの関係は早期の時点で亡Aの家族に公然となっており，他方亡AとX_1間の夫婦関係は昭和40年ころからすでに別々に生活する等その交流は希薄となり，夫婦としての実体はある程度喪失していた，(3)本件遺言は，死亡約1年2か月前に作成されたが，遺言の作成前後において両者の親密度が特段増減したという事情もない，(4)本件遺言の内容は，妻であるX_1，子であるX_2及びYに全遺産の3分の1ずつを遺贈するものであり，当時の民法上の妻の法定相続分は3分の1であり，X_2がすでに嫁いで高校の講師等をしているなど原判示の事実関係のもとにおいては，本件遺言は不倫な関係の維持継続を目

的とするものではなく，もっぱら生計を亡Aに頼っていたYの生活を保全するためにされたものというべきであり，また，右遺言の内容が相続人らの生活の基盤を脅かすものとはいえないとして，本件遺言が民法90条に違反し無効であると解すべきではないとした原審の判断は，正当として是認することができる。」

> ↓ この判決が示したこと ↓
>
> 本件遺言は不倫な関係の維持継続を目的とするものではなく，Yの生活を保全するためにされたものであり，また，遺言の内容が相続人らの生活の基盤を脅かすものとはいえないとして，本件遺言を公序良俗に反しないとした控訴審の判断について，本判決は，上記(1)から(4)の事実関係の下では，その判断は正当であるとして，X₁・X₂の上告を棄却した。

 解説

I. 性道徳に反する行為と公序良俗違反

たとえば，妾（めかけ）契約や売春取引のように，性道徳に反する法律行為は無効である。そのほか，相手方に配偶者のあることを知りつつ，将来の婚姻を予約する行為，および，入籍するまで扶養料を支払う旨の契約について，いずれも無効であるとした古い判例[*2]がある。

これに対して，不倫関係解消の際の金銭的給付（いわゆる手切金）の合意の効力に関しては，これを無効とした判決[*3]と有効とした判決[*4]があるが，判断の分かれ目は，「合意を有効とすることが私通奨励の結果を招来するかどうか」，それとも「合意が私通関係を止めることを目的とするものか」にある。たとえば，金員を支払わなければ私通を継続するぞと親族に要求するようなことを許すと，金員を支払うまで現在の私通関係が継続することになるし，仮に止めたとしても，これに味を占めて将来また別の私通を行うことにもなりかねない。このような場面での手切金の合意は，全体としてみると，私通関係を止めることを目的としたものではなく，私通関係をむしろ奨励する結果を招来するものといえるだろう（合意を無効とした*3の大審院大正12年判決は，必ずしも明確ではないものの，このような事件のようである）。

II. 本判決について

1 ▸▸ 本判決の内容

本判決は，法律上の妻のいる男性が，法律婚が完全に破綻（はたん）していない場面で，妻以外の女性に対して行った包括遺贈について，公序良俗に反しないという判断を，最高裁として初めて行ったものである。

いわゆる愛人ないし妾に対する遺贈と公序良俗との関係については，大審院昭和18年判決[*5]が，遺言者が死亡するまで妾として同棲生活を続けることを条件としてなされた1万円（現在の価値で約612万円）の遺贈に関して，この遺贈は「妾関係の継続維持を条件とするものにして〔善良の〕風俗に反する事項を目的とするもの」である

*2 大判大正9・5・28民録26輯773頁。

*3 大判大正12・12・12民集2巻668頁。

*4 大判大正4・5・15新聞1031号27頁，大判昭和12・4・20新聞4133号12頁。

*5 大判昭和18・3・19民集22巻185頁。

と述べて，無効と判断している。

その後の裁判例は，この判断に従いながら，本判決までに，⒤遺贈の目的が不倫な関係の維持継続か相手方の生活保全か，ⅱ遺贈が相続人の生活基盤を脅かさないかという2つのファクターを形成しつつあった。本判決もこの延長上にあり，判決文の(1)AとYが死亡時まで約7年間半同棲のような形で継続して交際していたこと，(2)A・Yの関係はX_1・X_2に公然となる一方で，A・X_1夫婦の実体はある程度喪失していたこと，(3)本件遺言の作成前後を通じてA・Yの親密度が特段増減した事実のないことという事情から，⒤の遺贈の目的が不倫な関係の維持継続か相手方の生活保全かというファクターを検討し，(4)遺言の内容，妻X_1の法定相続分，X_2の生活環境といった事情から，ⅱの遺贈が相続人の生活基盤を脅かさないかというファクターを検討している。

2 ▶▶ 本判決に対する評価

しかし，これらファクターの関係は明らかでない。たとえば，AY間の関係が険悪になったため，関係を継続するためにAが遺言を書いたなどのように，遺贈が不倫な関係の維持継続を目的とする場合には，相続人への影響を考慮することなく，直ちに遺贈が公序良俗に反すると判断されるのだろうか。あるいは逆に，遺贈が不倫な関係の維持継続を目的としない場合でも，X_1・X_2への遺贈の割合がもっと少ないとか，あるいはX_1・X_2の生活が困窮しているようなときには，相続人の生活を脅かすことのみを理由に無効とされうるのだろうか。仮にこれを無効とすると，遺産のすべてを慈善団体に遺贈した場合にも遺贈が公序良俗違反となる可能性が出てくるが，相続人の生活基盤の確保のためには，すでに遺留分減殺制度（1028条以下）[*6]が用意されており，このことと整合しないのではないだろうか。

さらに，本件当時の妻の法定相続分は3分の1であったが[*7]，2分の1とされている現在でも本件と同内容の遺言は有効とされるのだろうか。本件の遺言は，3人で3分の1ずつという，感覚的には比較的有効性を受け入れやすい内容のものだったが，遺産のすべてを愛人ないし妾に遺贈するという遺言であっても，その目的が不倫関係の維持継続にはなく（⒤のファクターを満たす），相続人が裕福である（ⅱのファクターを満たす）といった場合には，他の条件なしに有効とされるのかなど，問題は尽きない。

[*6]
民法では，兄弟姉妹を除く法定相続人について，遺贈や贈与（原則として相続の1年前に行われたもの）によっても侵すことのできない最低限度の取り分が保障されており，これを遺留分という。遺留分減殺請求権とは，この最低限度の取り分に満たない額しか得なかった（遺留分を侵害された）者が，その満たない額（遺留分の侵害額）の限度で，遺贈や贈与を受けた者に対して，遺贈や贈与をされた財産の返還を請求することができる権利をいう（1028条以下）。〔親族・相続・判例29〕参照。

[*7] 時代背景
昭和55年（1980年）の民法の一部改正（昭和56年1月1日施行）により，配偶者の相続分は3分の1から2分の1に引き上げられた（900条1号）。このため，昭和55年12月31日以前に死亡した被相続人の相続については改正前の規定が，昭和56年1月1日以降に死亡した被相続人の相続については改正後の規定が，それぞれ適用される。

08 ホステスの保証

最高裁昭和61年11月20日判決（判時1220号61頁）

事案をみてみよう

Yは，自己がホステスとして勤務するクラブの経営者Xが顧客Aに対して有する飲食代金債権（①）を担保するために，Xとの間で保証契約を締結した（②）。Xは，ホステスがその客の支払に責任をもつことに同意した場合に，その客への掛売（つけ払い）を認めていたところ，Yは，接客したAへの掛売について，自己が責任をもつ旨をXに対して同意した。Yは，誕生日頃にAから高価なダイヤのイヤリングや外国製時計をもらったり，Aの財布から勝手に札を取り出し他のホステスにチップを与えたりするなど，YA間には他の客とは異なる親密さがあった。Aへの掛売額は最終的に300万円近くになり，Xは，保証契約を理由に，Yに対して，Aの未払代金の支払を求めた（③）。

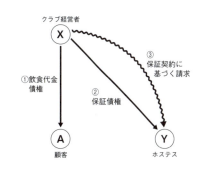

第1審が本件保証契約は公序良俗（90条）に反するとしたのに対して，控訴審は，YとAとの関係，Xの雇用条件等によれば，経営者Xが雇主の地位を不当に利用し，被用者Yの無思慮，無経験，窮迫に乗じて不当な利益を得るため，Aに関する本件保証契約を締結させたとは解しがたいとして，本件保証契約は公序良俗に反しないとした。これに対してYが上告した。

✓ 読み解きポイント

公序良俗違反とされる代表的なもののひとつに，暴利行為がある。暴利行為とは，他人の判断能力が欠如したりしていることに乗じてその他人から不当な利益を得る行為をいう。本件のXとYとの契約は，ホステスYが，自己の勤務するクラブの経営者Xが顧客Aに対して有する飲食代金債権を担保するために締結した保証契約であるが，このような契約は，公序良俗に反して無効とされるだろうか。Xが不当な利益を得るために，経営者というYより強い立場を利用して不当に行ったものだとすると，暴利行為にあたり公序良俗違反として無効となりそうであるが，本件ではどのように判断されたのだろうか。

📖 判決文を読んでみよう

「〔原審の認定した〕事実関係によれば，Yは自己独自の客としてのAとの関係の維持継続を図ることによりXの経営するクラブから支給される報酬以外の特別の利益

を得るため，任意にXに対してAに対する掛売を求めるとともに本件保証契約を締結したものであり，その他原判示の事情を総合勘案すれば，本件保証契約がいまだ公序良俗に反するものとはいえないとした原審の判断は，正当として是認することができる。」

↓ この判決が示したこと ↓

本判決は，ホステスが，特に親密な客との関係を維持継続することによってクラブからの報酬以外の特別の利益を得るために，任意に締結した保証契約は，いまだ公序良俗に反するとはいえないとして，Yの上告を棄却した。

解説

I. 暴利行為と本判決の位置づけ

1 ▶▶ 公序良俗違反と暴利行為

他人の判断能力の欠如・無経験・軽率・窮迫などに乗じて不当な利益を得る行為（暴利行為）が公序良俗違反となることは，判例上古くから認められている。[*1] かつては，期限までに借金を返済できないときは，その弁済の代わりに，債務者が所有する不動産の所有権を債権者に移転する旨の契約を締結し，借金額に比して高額の不動産を債権者が丸取りしてしまう事態が社会問題となったため，判例は，このような契約を公序良俗違反とした。[*2] 現在では，仮登記担保契約に関する法律により，借金の額と土地等の価額の差額を清算する義務が債権者に課されており（同法3条）[*3]，この場面で民法90条が活躍することはなくなっている。

2 ▶▶ 本判決の内容

本判決は，クラブ経営者が従業員であるホステスに客の飲食代金債務の保証をさせた場合の当該保証契約の有効性が争われたものである。

下級審裁判例においては，このような保証契約を暴利行為として公序良俗違反とするものが多い。その理由は，ⅰ従業員であるホステスは，経営者に対して劣位にあり，掛売するかどうかの判断はホステスにまかされているといっても，実際上はこれを断れない弱い立場にあること，ⅱ経営者はこのような優越的地位を利用して，顧客の所在がわからなくなるなどして飲食代金債権を回収できなくなる危険性を，店に在籍するホステスに転嫁(てんか)するものであること（時には顧客の飲食代金とホステスの給料を相殺(そうさい)することすらある）[*4]，ⅲこのような状況では，ホステスの負担する債務額はその意思と無関係に無制限に広がっていくこと，ⅳ客の信用や支払能力の判断をホステスにさせるのは酷であること，ⅴホステスが店を辞めるときには直ちに未収代金を支払わなければならず，事実上転退職の自由が制限されること，などにまとめることができる。[*5] ホステスによる保証の基礎に，経営者がその優越的地位を利用して搾取(さくしゅ)するという構造的な問題が潜んでいることが重視されているのである。

本判決は，ホステスYによる保証は弱い地位に乗じられて行ったのではなく，特

---

*1 大判昭和9・5・1民集13巻875頁（百選I-15）。

*2 最判昭和27・11・20民集6巻10号1015頁。

*3 土地等の額が借金の額より高かった場合，債権者はその差額を債務者に支払わなければならない。

*4 相殺
2人がお互いに同種の債務を負っているとき，対当額で債務を消滅させることができる（505条1項）。たとえば，PがQに20万円，QがPに10万円を貸しているとき，お互いの借金10万円を相殺することができる。この場合，QのPに対する10万円の借金が残ることになる。

*5 中舎寛樹・民法判例百選I〔第5版〕34頁のまとめを参考にした。

定の客Aから，報酬以外の特別の利益を得るために任意でなされたものであることを重視して，保証契約を有効と判断したが，あくまでこれは本件の事案に関する限りの判断であって，ホステスによる保証が公序良俗違反になりうることや，下級審裁判例の考えているホステスによる保証に潜む構造的な問題までをも否定したものとみるべきではないだろう。

II. 暴利行為論の現代的展開

暴利行為の判断に際しては，契約内容の不当性に加えて，契約締結過程の不当性をも加味して，全体として公序良俗違反かどうかが判断されるが，近時，このような判断手法が消費者取引の場面で活用されている。

たとえば，先物取引というハイリスク・ハイリターンの投資取引について，投資の経験や知識がなく十分な財産もない主婦や老人が，十分な説明を受けずに，あるいは利益をことさらに強調されるなどして参加させられた場合に，関連法令の違反なども考慮に入れて，業者との間の先物取引委託契約が公序良俗違反とされることもある。[*6]

また，ネズミ講[*7]という欺瞞的な組織の入会契約を公序良俗違反とした裁判例もある。長野地裁昭和52年判決[*8]は，ネズミ講入会契約について，その本質が必然的に限界と行き詰まりが生ずる非生産的で射倖的な性質を有するものであることや，欺罔的，誇大的な説明，宣伝をなし，一般大衆の射倖心と無思慮に乗じ，労せずして多額の金員を受けられるかのように期待させて入会させて，その結果，自己は不当に利得を得る一方で，多数の被害者を出し，種々の社会悪や混乱を惹起していることから，公序良俗違反としている。これも，契約内容の不当性に加えて，契約締結過程の不当性をも加味して，全体として公序良俗違反かどうかを判断する，暴利行為論の現代的な活用法といえるだろう。[*9]

[*6] たとえば最判昭和61・5・29判時1196号102頁。

[*7] ネズミ講
ネズミ講とは，会員がネズミ算式に増加することによって，先順位の会員が後順位の会員の出資金から自己の出資金以上の配当を受ける仕組みをいう。しかし，人口には限りがあり，無限に会員が増加することはないから，この組織は早晩必然的に行き詰まり，破綻する。

[*8] 長野地判昭和52・3・30判時849号33頁。

[*9] 無限連鎖講の防止に関する法律の制定〔昭和53年〔1978年〕〕により，現在では，典型的なネズミ講は消滅したが，その後もネズミ講類似の商法が出現し，消費者被害が出ている。

09 憲法違反——男女平等

日産自動車事件

最高裁昭和56年3月24日判決（民集35巻2号300頁） ▶百選Ⅰ-14

事案をみてみよう

X女は，昭和21年1月にY社に雇用され，工場従業員として勤務していた（①）。Y社の就業規則[*1]には，「従業員は，男子満55歳，女子満50歳をもって定年として，男子は満55歳，女子は満50歳に達した月の末日をもって退職させる」という定めがあった。Xは，昭和44年1月14日の経過により満50歳に達するものであったため，Y社は，昭和43年12月25日に，Xに対して，昭和44年1月31日限りで退職を命ずる旨の予告をした（②）。Xが，雇用関係存続の確認を求めて訴えを提起したところ（③），第1審，控訴審ともにXの請求を認めたので，Y社が上告した。なお，この間の昭和48年4月1日，Y社は，上記定年年齢を男子満60歳，女子55歳に改めた。

*1｜就業規則
就業規則とは，多数の労働者に関する労働条件や就業上順守すべき規律など職場のルールについて，使用者が定める規則をいう。日本の企業では，特に正社員については，労働条件を個別の労働契約で定めることは少なく，それらを就業規則で定めることが多い。労働契約法7条により，一定の条件の下で，労働契約の内容は就業規則の定める労働条件によることになっている（本判決の当時，労働契約法は存在しなかったが，就業規則のこうした効力は認められていた）。

✓ 読み解きポイント

憲法は「基本的人権」（憲11条）のひとつとして「法の下の平等」を保障しており，性別によって差別されないということ，つまり，男女の平等を定めている（憲14条）。Y社の就業規則は，男女で異なった定年年齢を定めており，男女の平等に反するようにみえるが，Xはこの定めどおりに退職させられるのだろうか。それとも，Y社の就業規則の定めは，憲法14条に反し，公序良俗違反（90条）であるとして，無効になるのだろうか。

📖 判決文を読んでみよう

「Y社の就業規則は男子の定年年齢を60歳，女子の定年年齢を55歳と規定しているところ，右の男女別定年制に合理性があるか否かにつき，原審は，Y社における女子従業員の担当職種，男女従業員の勤続年数，高齢女子労働者の労働能力，定年制の一般的現状等諸般の事情を検討したうえ，Y社においては，女子従業員の担当職務は相当広範囲にわたっていて，従業員の努力とY社の活用策いかんによっては貢献度を上げうる職種が数多く含まれており，女子従業員各個人の能力等の評価を離れて，その全体をY社に対する貢献度の上がらない従業員と断定する根拠はないこと，しかも，女子従業員について労働の質量が向上しないのに実質賃金が上昇するという不均衡が生じていると認めるべき根拠はないこと，少なくとも60歳前後までは，男女とも通常の職務であれば企業経営上要求される職務遂行能力に欠けるところはなく，

036

各個人の労働能力の差異に応じた取扱がされるのは格別，一律に従業員として不適格とみて企業外へ排除するまでの理由はないことなど，Y社の企業経営上の観点から定年年齢において女子を差別しなければならない合理的理由は認められない旨認定判断したものであり，右認定判断は，原判決挙示の証拠関係及びその説示に照らし，正当として是認することができる。そうすると，<u>原審の確定した事実関係のもとにおいて，Y社の就業規則中女子の定年年齢を男子より低く定めた部分は，専ら女子であることのみを理由として差別したことに帰着するものであり，性別のみによる不合理な差別を定めたものとして民法90条の規定により無効である</u>と解するのが相当である（憲法14条1項，民法1条ノ2〔現2条〕参照）。」

> ⬇ **この判決が示したこと** ⬇
>
> 本判決は，Y社の企業経営上の観点から定年年齢において女子を差別しなければならない合理的理由はない旨の判断をした控訴審の判断を支持した上で，Y社の就業規則のうち女子の定年年齢を男子より低く定めた部分は，もっぱら女子であることのみを理由として差別したことに帰着し，性別のみによる差別を定めたものであるから，公序良俗に反して無効であるとして，Y社の上告を棄却した。

解説

I．憲法の私人間効力について

法律には，民法や商法のような私人と私人の間の関係を規律する法律（私法）のほかに，憲法や刑法，行政法のように，国家と私人の間の関係を規律する法律（公法）が存在する。この区分を前提にすると，本件のX・Y社間の雇用契約の労働条件の内容が憲法14条に反して女性を差別するものであったとしても，XとY社はどちらも私人であり，その関係は私法の適用領域であって，自分たちの合意で決めればよいのだから，X・Y社間の雇用契約の労働条件に，公法に属する憲法に反する内容が含まれていたとしても，そのことは労働条件の効力に影響をもたらさない，と考えることも可能である。

しかし，私人間の合意によって一方の私人の人権が侵害される場合は決して少なくない。たとえば，私人といっても，一般の消費者から大企業までさまざまであり，本件のように雇い主である会社と従業員の間では，その力関係の差は非常に大きい。そうした場合には，従業員は，女性を差別する内容に不満を感じながらも，生活のために，しぶしぶ受け入れざるを得ないという状況が生じる。いくら当事者が同意したといっても，これを放置するのは，社会的不正義に目をつむるものと言われても仕方ないだろう。

そこで，憲法分野の通説とされる間接適用説は，憲法は国家と私人の関係を定めるものだから，憲法の人権規定は，私人間での直接的適用が前提とされているもの（憲15条4項・18条・28条など）を除き，私人間に直接的に適用されることはないが，公序良俗違反（90条）や不法行為（709条）などの一般条項の解釈に憲法の趣旨を取り

*2 |

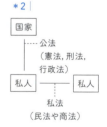

*3 | 一般条項
要件あるいは効果について，法的判断のための具体的な基準を欠く，抽象度の高い包括的な文言で定められている規定。民法では，90条，709条のほか，1条1項（公共の福祉の原則），1条2項（信義則），1条3項（権利濫用の禁止）がその例である。IのIntroduction（p. 2）参照。

込む形で間接的に適用される、としている。

判例も、「〔私人間の基本的な自由や平等に対する具体的な侵害またはそのおそれの〕態様、程度が社会的に許容しうる限度を超えるときは、これに対する立法措置によってその是正を図ることが可能であるし、また、場合によっては、私的自治に対する一般的制限規定である民法1条、90条や不法行為に関する諸規定等の適切な運用によって、一面で私的自治の原則を尊重しながら、他面で社会的許容性の限度を超える侵害に対し基本的な自由や平等の利益を保護し、その間の適切な調整を図る方途も存する」と述べている。

II. 本判決について

本判決が正当であるとした控訴審判決は、具体的に、公序良俗違反と憲法14条の関係について、「全ての国民が法の下に平等で性による差別を受けないことを定めた憲法14条の趣旨を受けて、私法の一般法である民法は、その冒頭の1条ノ2〔現2条〕において、『本法は個人の尊厳と両性の本質的平等を旨として解釈すべし。』と規定している。かくして、性による不合理な差別を禁止するという男女平等の原理は、国民と国民、国民相互の関係の別なく、全ての法律関係を通じた基本原理とされたのであって、この原理が、民法90条の公序良俗の内容をなすことは明らかである」と述べ、男女平等の原理は「全ての法律関係を通じた基本原理」であると宣明する。

本件で問題になった定年制へのあてはめについて、控訴審判決は、「定年制は企業の雇用政策の重要な一環を形成するものであって、一般的には企業の合理的な裁量による判断を尊重すべきものであるが、すでに検討したとおり男女の平等が基本的な社会秩序をなし、定年制それ自体の性質が右にみたとおり〔定年制は、労働者に職業生活の中断を強いるものであって、労働条件の中でも雇用と同様に重大なものだが、内容が平等であるから通用するのであって、理由がない差別は定年制自体の通用力を下げるだけでなく、内容が適正でないと、定年を迎える前から従業員の職業生活に対する希望と活力を失わせる弊害を生ずる、という性質〕であることを考慮すると、定年における男女差別については、その合理性の検討が強く求められるのはやむを得ないものといわねばならない。以上検討したところから考えると、定年制における男女差別は、企業経営上の観点から合理性が認められない場合、あるいは合理性がないとはいえないが社会的見地において到底許容しうるものでないときは、公序良俗に反し無効である」と述べている。本判決が述べるように、当該従業員を活用できる職種に配転することなどによって貢献度を上げうる場合には、差別の合理的理由はないというわけだから、よほど特殊な業種ではない限り、「全ての法律関係を通じた基本原理」たる男女平等の原理は、少なくとも定年制に関しては、私法秩序においても、まず例外の認められないものとなったといえるだろう。

本判決後の昭和60年（1985年）には、男女雇用機会均等法が制定され、退職・定年・解雇に関する差別禁止規定が置かれた（11条。その後改正され、現条文では6条4号）。一般条項には、規定が置かれていない新しい問題が発生した時に、その解決のための理論を形成する窓口になる機能があるといえるだろう。

---

*4
〔憲法・判例03〕参照。近時の有力説の中には、これをさらに進めて、裁判所も国家機関なのだから、個人の人権（基本権）が別の個人によって侵害されている場合には、これを放置してはならず、個人の基本権を保護する義務を負うとして、憲法上の基本権の侵害を内容とする契約は、この裁判所の基本権保護義務によって公序良俗違反とされるとする見解もある。

*5 | 関連判例
最大判昭和48・12・12民集27巻11号1536頁（三菱樹脂事件。〔憲法・判例03〕）は、本文のように述べつつ、私企業が労働者の採用のための調査にあたり、その思想・信条に関する事項の申告を求めることは、企業の経済活動の自由に属し、違法な行為ではないとしている（ただし、結論としては、試用期間後の本採用の拒否は雇入れ後の解雇にあたるから、その客観的合理性の有無を審査する必要があるとして、事件を控訴審に差し戻した）。

*6
民法典の規定の現代語化等を行った平成16年（2004年）改正前の文言。

*7
雇用の分野における男女の均等な機会及び待遇の確保等に関する法律
6条「事業主は、次に掲げる事項について、労働者の性別を理由として、差別的取扱いをしてはならない。
一〜三〔略〕
四 退職の勧奨、定年及び解雇並びに労働契約の更新」

10 法令違反行為——無許可営業

最高裁昭和35年3月18日判決（民集14巻4号483頁）　　▶百選Ⅰ-16

事案をみてみよう

食肉販売を営むA社の代表取締役であるYは，精肉販売を営むX社に対して，自衛隊への食肉納入のため取引を申し入れた。しかし，X社とA社は過去にも取引があり，その際の債務がまだ残っており支払能力が危惧されるとして，X社はこの申入れを断った。そこでYは，自己所有の自動車に担保を設定し，かつY個人として食肉を買い受けたいと懇請したため，X社もこれを受け入れるに至り，X社・Y間で精肉の売買契約が締結された（①）。X社は昭和30年7月1日から同年8月11日までの間に代金合計32万9652円に相当する精肉を売却したが（②），Yはそのうち3万8000円の支払をしたのみであった（③）（現在の価値で，それぞれ約195万円，約22万円）。そこで，X社はYに対して，残りの代金等の支払を求めて訴えを提起した（④）。

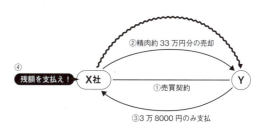

第1審はX社の請求を認容。控訴審で，Yは，食品衛生法の営業許可を受けて食肉の販売を行っているのはA社であり，X社からの精肉の買受けもその営業の一環であるとして，売買契約はX社とA社の間で締結されたものであると主張したが，控訴審は，契約当事者はX社とYであり，たとえYが食品衛生法の営業許可を受けていないにしても，単なる行政取締規定にすぎない食品衛生法による許可の有無は，Yを当事者とする本件売買契約の私法上の効力に影響を及ぼすものではないと述べた。そこでYは，Yが契約当事者であるなら，本件売買契約は無許可営業者との取引として，公序良俗違反（90条）になるから，X社の請求を棄却するべきだと主張して，上告した。

✓ 読み解きポイント

食肉販売業を営むには食品衛生法の営業許可を受けなければならず，これに違反した者は，同法により処罰の対象となる。しかし，この営業許可を受けていない者が締結した食肉に関する売買契約の効力について，同法は何も規定していない。このような場合，売買契約は公序良俗違反であるとして，無効とされるのだろうか。

📖 判決文を読んでみよう

「本件売買契約が食品衛生法による取締の対象に含まれるかどうかはともかくとして<u>同法は単なる取締法規にすぎないものと解するのが相当であるから，Yが食肉販売業の許可を受けていないとしても，右法律により本件取引の効力が否定される理由はない</u>。それ故(ゆえ)右許可の有無は本件取引の私法上の効力に消長を及ぼすものではないとした原審の判断は結局正当であ〔る〕」。

⬇ この判決が示したこと ⬇

本判決は，食品衛生法は単なる取締法規にすぎないから，Yが食品衛生法上の許可を受けていないとしても，そのことは，Yを当事者とする売買契約の効力に影響することはないとして，Yの上告を棄却した。

☝ 解説

Ⅰ. 取締規定の意義と問題の所在

法律には，民法や商法のような私人と私人の間の関係を規律する法律（私法）のほかに，憲法や刑法，行政法のように，国家と私人の間の関係を規律する法律（公法）が存在する。特に行政法には，一定の取り締まりの目的から，「○○をしてはいけない」とか「△△をする場合には，都道府県知事の許可を得なければならない」といった規定が置かれることが多い。こうした規定のことを取締規定という。本判決で問題となった食肉販売業を営む場合には，食品衛生法による営業許可を得なければならないとされている。

では，国家対私人という公法の世界で，営業許可を受けないで食肉販売業を営んだために国から懲役や罰金などの制裁を科されるのはよいとして，私人対私人という私法の世界で，無許可で食肉販売業を営もうとする者が，精肉業者から精肉を購入した後で，「無許可での食肉販売業は食品衛生法違反だから，違反業者との間の売買契約も無効だ。だから代金は支払わない」と言えるのだろうか。それとも，食品衛生法に違反していても，公法と私法は別の世界の話だから，精肉の売買契約は私法上有効であり，代金を支払わなければいけないと考えるべきだろうか。ここでは，公法の世界に属する取締規定に違反したということが，私法の世界にどのような影響を与えるのかが問題となっている。

通説は，取締規定を，ⅰ刑事上・行政上の制裁は科されるが，違反が契約の効力に影響することはない「単なる取締規定」あるいは「狭義の取締規定」と，ⅱ違反によって契約の効力が否定される「効力規定」とに分類し，違反したのがⅰの単なる取締規定なら契約は有効だが，ⅱの効力規定なら契約は無効であると考える。契約の効力に影響を与える規定と与えない規定とに分類してしまうわけである。そして両者の分類に関して，通説は，立法の趣旨，違反行為に対する社会の倫理的非難の程度，一般

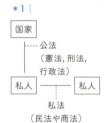

*1
国家
├─ 公法
│ （憲法, 刑法,
│   行政法）
私人 ─── 私人
   私法
（民法や商法）

*2
現在は同法52条1項。食肉販売業は同法施行令35条12号に挙げられている。

*3
食品衛生法72条1項に規定がある。

取引に及ぼす影響，当事者間の信義・公平などを細かく検討して決めるべきであるとする。しかし，基本的なスタンスとしては，公法の世界と私法の世界は別の世界の話であるという立場から，違反行為の私法上の効力を否定することは，取引の安全を害するだけでなく，当事者の信義や公平を害することすらあるとして，単なる取締規定に分類することを原則としている。

本判決は，通説の立場に立って，食品衛生法は単なる取締法規にすぎないから，食品衛生法上の営業許可を受けていないYを当事者とする契約の効力が否定されることはないとしている。食品衛生法上の営業許可は，公衆衛生の観点から，一定の営業を営む者に営業許可の取得を義務づけたにすぎず，（麻薬などの禁制品の売買のように）取引そのものを禁止するものではないと考えたのであろう。

II．最近の傾向

以上の通説は，取締規定を「単なる取締規定」と「効力規定」に分類する考え方である。しかし，取締規定にもさまざまな目的をもつものがあり，それらの中には，同一の規定の違反であっても，ある事案では取引を無効とすべきだが，ある事案では取引は有効であると考えたほうがよいものも存在する。たとえば，現在では，消費者を保護するために，契約内容に関する説明義務や品質などに関する表示義務などを業者に負わせる法律が公法分野にも存在するが，そうした分野では，消費者保護に関する取締規定に違反した契約を，私法上も積極的に無効とすべきこともあると考えられる。ただ，その場合でも，一律にこの規定の違反は契約を無効にする，この規定の違反は契約を無効にしないというように分類できるものは実際には少ない。このような考えから，違反された規定の目的を，公序良俗違反の有無を判断する際の一要素と考えて，違反の態様や程度，社会の非難の程度，取引の安全，当事者間の信義・公平などとあわせて，事案ごとに，契約を無効とすべきかを総合的に考える裁判例が増えている。[*4]

このような立場から本件事案をみると，取引を断られたA社（営業許可を得ている）の代表取締役Yが，A社がだめなら，Y個人の立場でと頼み込んで取引をしてもらったあげくに，Yは営業許可を得ていないから取引は無効だと主張しているのだから，このような主張を認めることは，当事者間の信義や公平を害するものといえるだろう。[*5]

*4 ［判例08］の解説で説明した最判昭61・5・29判時1196号102頁の第1審である大阪地判昭和58・2・28判タ494号116頁には，そのような傾向が明瞭である。

*5 | 関連判例

本判決とは逆に，取締規定に違反する法律行為を無効とした判例として，最判昭和39・1・23民集18巻1号37頁がある。この判例は，有毒物質が混入したアラレ菓子の売買契約について，食品衛生法違反というだけで直ちに無効となるわけではないが，アラレの製造販売を業とする者が，有毒物質の混入したアラレを販売することを食品衛生法が禁止していることを知りながら，あえてこれを製造し，同じ販売業者である者の要請に応じて売り渡し，その取引を継続した場合には，一般大衆の購買のルートに乗せたものと認められ，その結果公衆衛生を害するに至ることから，そのような取引は90条により無効となる，としている。

11 法律行為の解釈と慣習 「塩釜レール入」事件

大審院大正10年6月2日判決（民録27輯1038頁） ▶百選Ⅰ-19

事案をみてみよう

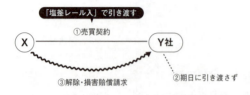

塩釜在住の X[*1] は，大正6年4月2日に，新潟市の Y 社から肥料用の大豆粕を購入する契約を締結し，4月30日に「塩釜レール入」で引き渡すべきものとした（①）。ところが，期日に引渡しがなかったので（②），X は履行の催告をし，履行遅滞を理由に契約を解除するとともに，債務不履行に基づく損害賠償を請求した（③）。

この訴えに対して Y 社は，X も代金を提供していないから，同時履行の原則（533条）[*2]によって，まだ履行遅滞になっていないと主張した。その際 Y 社は，「塩釜レール入」とは，「塩釜停車場渡」という意味で，もっぱら商品の値段と受渡場所を定めるものにすぎず，同時履行の原則を変更するものではないと主張したが，控訴審は，これは，まず売買の目的物である肥料を塩釜駅に送付し，代金は同駅に肥料が到着した上で受領するというものであり，肥料の到着以前に代金の支払請求をすることはできないという「商慣習」を意味するものであるという鑑定[*3]を採用し，同時履行の抗弁権を否定して損害賠償請求を認めた。

そこで Y 社は上告し，たとえそのような商慣習があるにしても，当事者がその慣習に依拠する意思を有したことを X が立証しなければならないから，控訴審が証拠に基づかずに当事者にこのような意思があると判断したのは，立証責任の原則に反すると主張した。

> ✓ **読み解きポイント**
>
> 契約の文言が明確で内容が明らかであれば，当事者の間に争いは発生しづらいが，実際には，そのような場合ばかりではなく，どのような意味の契約であったのか解釈する必要が生じる場合もある。本件でも，契約の中の「塩釜レール入」という文言がどのような意味であったのか争われた。そしてその解釈にあたって，肥料の到着前に代金の支払を請求することはできないという商慣習を意味するものである，という鑑定が示された。「塩釜レール入」の文言の意味をこの慣習に依拠して解釈するのであれば，X は，肥料を受け取るまでは代金を支払う必要がなかったこととなり，Y 社は，代金の支払がなくとも肥料を引き渡す必要があったこととなる。それでは，契約の文言の解釈にあたって何らかの慣習に依拠するためには，Y 社が主張したように，当事者がその慣習に依拠する意思を有していたのだと主張する

---

*1
「仙台市の X」とする文献が多いが，判決原本によれば，X の住所は塩釜とのことである（前田達明『民法の"なぜ"がわかる』〔有斐閣，2005年〕163頁）。

*2 │ 同時履行の原則（抗弁権）
双務契約（売買契約のように，双方が対価的関係にある義務を負う契約）の当事者が，相手方が弁済期にある債務を提供するまでは，自分の債務も履行しないと主張できる制度。これを同時履行の抗弁権といい，この主張ができる間は履行遅滞にならない。同時履行の抗弁権は，公平の観点から認められたものである。

*3 │ 鑑定
民事訴訟において，科学技術上の知識のように高度な専門的経験則が必要な場合に，裁判官の知識や経験を補充するために，学識経験ある第三者の意見を求めるための証拠調べである。民事訴訟法212条以下がこれを定める。

側（X）が，そのことを立証しなければならないのだろうか。

📖 判決文を読んでみよう

「意思解釈の資料たるべき事実上の慣習存する場合に於ては法律行為の当事者が其慣習の存在を知りながら特に反対の意思を表示せざるときは之に依る意思を有せるものと推定するを相当とす」。「従て其慣習に依る意思の存在を主張する者は特に之を立証するの要なきものとす[*4]」。

*4 | 現代語訳
「意思解釈の資料とすべき事実上の慣習が存在する場合には，法律行為の当事者がその慣習の存在を知りながら，特に反対の意思を表示しなかったときは，この慣習に依拠する意思を有するものと推定するのを相当とする」。「したがって，その慣習に依拠する意思の存在を主張する者は，特にこれを立証する必要はないものとする」。

⬇ この判決が示したこと ⬇

本判決は，契約文言の解釈の資料とすべき事実上の慣習が存在する場合に，当事者がその慣習の存在を知りながら，特に反対の意思を表示しなかったときは，この慣習に依拠する意思を有するものと推定するのが相当であるので，その慣習に依拠する意思の存在を主張する者が，特にそのような意思の存在を立証する必要はないとして，Y社の上告を棄却した。

解説

I．契約の解釈と慣習

契約をめぐる紛争では，契約の解釈が問題となることがしばしばある。もちろん，起こりうるさまざまな出来事を予測し，意味の明確な文言を用いて，事後に争いが起きないように注意して契約を締結するのが理想であるが，現実は必ずしもそうはいかない。契約で用いられた文言の意味に争いが起こったり，契約締結後に予想外の事態が発生し，そのような場合に備えた定めが契約になかったりということは，実際にしばしば発生する。

そうした場合に備えて，民法はさまざまな規定を置いており，特に契約各論の部分には，当事者の意思の推測に基づき，あるいは立法者の価値判断を加えて，不明確な文言を解釈したり，契約に定めのない事項を補充したりするための諸規定が設けられている。もちろん，これらの規定は強制的なものではなく，当事者がこれらの規定と異なる内容の合意を行っていれば，合意が優先される。こうした規定を任意規定という（91条）。また，契約の解釈や補充が必要な場合でも，これら任意規定と異なる慣習（地域慣行，取引慣行）が存在し，当事者がその慣習による意思をもっていると認められるときは，その慣習に沿って契約の解釈や補充が行われる（92条）[*5]。

II．本判決について

ではこのとき，慣習に沿って契約の解釈や補充を行うためには，当事者がその慣習に依拠する意思を有していたと主張する者が，そのことを立証しなければならないのだろうか。これについて，本判決は，そのような立証までは必要なく，①当事者がそ

*5 |
同条の「法令中の公の秩序に関しない規定」とは任意規定の意味である。これに対して，「法令中の公の秩序に関する規定」のことを強行規定といい，これに反する内容の合意をした場合，その合意は無効とされる。最近では，借地借家法や消費者契約法などの特別法に，経済的弱者を保護する観点から強行規定が設けられる例が増えている。

の慣習の存在を知りながら，⒤特に反対の意思を表示しなかったときは，この慣習に依拠する意思があったことが推定されるとした。

通説はさらに，当事者が慣習の存在を知っている必要もなく，当事者の意思表示から特に慣習に従わないという趣旨が認められるか，あるいは，その慣習が両当事者の地域や職業などに普遍的なものでないといった特殊な事情がある場合でない限り，慣習に沿った契約の解釈や補充が可能であるとしている。ただし，両当事者の地域や職業などに普遍的な慣習について，その存在を知らなかったと認定されることはまれだろうから，本判決と通説の違いはそれほど大きなものではない。実際，本判決も，「塩釜レール入」の意味に関する慣習をY社が認識していたことを積極的に認定しているわけではないようである。

Ⅲ. 慣習のもつ意味が大きくない場合

なお，法律行為の解釈において慣習のもつ意味は一様ではない。たとえば，医療契約に基づく医師の診療債務の履行は医療水準に合致していなければならないが，医師が事実上行っている慣行よりも医療水準のほうが高いとされる場合もありうるため，診療債務の内容確定の場面で慣習のもつ意味はあまり大きくはない。[*6]

[*6] 最判昭和36・2・16民集15巻2号244頁（東大輸血梅毒事件）。

Chapter IV 法律行為・意思表示

Introduction

Contents
- IV-1 法律行為
- ここ！ IV-2 意思表示

意思表示

> 農業をしているおじいちゃんの知り合いが，不動産業者から，北海道の山奥の土地を，今度新幹線が通るから絶対に値上がりすると言われて，高く買わされたんだけど，結局，新幹線の話は嘘だったんだって。こんな契約も有効なのかなあ。

　契約を構成する申込みや承諾の意思表示が嘘や勘違いによって行われた場合，あるいは，相手方にだまされたり，脅されたりした結果行われた場合でも，当事者は契約に拘束されるのだろうか。仮に，契約に拘束されないのだとすると，契約が有効であることを前提に，契約の目的物の転売を受けたような人（第三者）が予期せぬ不利益を被ることはないだろうか。

1. 意思表示の瑕疵

　契約は，申込みと承諾という意思表示の合致によって成立する。通説は，意思表示の構造を心理学的に分析し，「動機→内心的効果意思→表示意思→表示行為」からなるものとしている。ここにいう内心的効果意思とは，代金支払請求権や目的物引渡請求権の発生などの，その意思表示によって最終的に認められる法律効果に対応する意思をいう。契約の拘束力の根拠もまた，表示に対応する内心的効果意思が存在する点にある。

　通常の経過においては，内心的効果意思をともなう申込みと承諾が合致して契約が成立し，両当事者はそれに拘束される。これに対して，例外的に，表示に対応する内心的効果意思が存在しない意思表示が行われる場合がある。これが①意図的に行われる場合を心裡留保（93条），②相手方と通謀して行われる場合を通謀虚偽表示（94条），③意図せずに行われる場合を意思欠缺錯誤（95条1項1号）という。

　心裡留保の場合は，表意者（意思表示をした者）に内心的効果意思が存在しないが，相手方保護のため，意思表示は有効となる。ただし，相手方が悪意・有過失の場合には，意思表示は無効となる。通謀虚偽表示の場合は，内心的効果意思が存在せず，相手方を保護する必要もないため，意思表示は無効となる。意思表示が無効となる場合には，その結果として契約も無効となり，当事者は契約に拘束されない。意思欠缺錯誤の場合は，同じく内心的効果意思が存在しないけれども，効果を否定できる者を表

*1 | 意思表示の構造
動機：
「ちょっと小腹がすいた」
↓
内心的効果意思：
「あの屋台で500円のクレープを買おう」
↓
表示意思：
「屋台のおじさんに『500円のクレープをひとつください』と言おう」
↓
表示行為：
「500円のクレープをひとつください」

*2 |
内心的効果意思がないことを知っている場合，または，知らないことに過失がある場合。

045

意者に限定するために，——無効は誰からでも主張できるので——契約を無効とせずに，表意者は意思表示を取り消すことができるとされている。意思表示が取り消された場合には，契約も取り消されたことになる。

また，④内心的効果意思は存在するが，意思表示の動機として契約の基礎とされた事情が真実と異なっていた（表意者が勘違いをしていた）という場合も起こりうる。こうした場合を基礎事情錯誤という（95条1項2号）。仮にこの場合にも，内心的効果意思は存在するのだから意思表示は有効であるとすると，表意者が予期せぬ不利益を被ることがある。かといって，動機レベルの勘違いが存在する場合に常に意思表示の効力を否定するのでは，相手方が予期せぬ不利益を被る。そのため，その事情が契約の基礎とされていることが相手方に表示されていた場合に，表意者は意思表示を取り消すことができる（95条2項）。この「表示」の有無が争われたのが［判例12］である。

⑤詐欺や強迫に基づく意思表示の場合も，たしかに内心的効果意思は存在するが，意思表示の動機が相手方または第三者の違法な影響によって形成されたことから，表意者を保護するために，意思表示の取消しが可能とされている（96条）。

2．第三者保護

上記の諸規定によって意思表示が無効あるいは取り消された場合には，契約の効力は失われる。そうすると，契約が有効であることを前提に，契約の目的物の転売を受けるなどした第三者が予期せぬ不利益を被る可能性がある。そのため上記の諸規定は，善意あるいは善意・無過失の第三者を保護する旨の規定を置いている（93条2項・94条2項——善意の第三者を保護，95条4項・96条3項——善意・無過失の第三者を保護。なお強迫の場合は，落ち度のない表意者の保護が優先され，第三者保護規定は設けられていない）。

また，特に94条2項について，通謀虚偽表示の場合と実質的に異ならないほどの本人の帰責性や第三者の要保護性が認められる場合に，94条2項を類推適用して第三者を保護する法理が形成されている。［判例13］［判例14］はこの問題を取り扱っている。

3．無効・取消しの効果

無効な意思表示・法律行為は，誰からの主張も待たずに，かつ絶対的に，効力がない。これに対して，取消し可能な意思表示・法律行為は，取り消されるまでは有効に存在しているが，取消権者の取消しの意思表示によって，初めに遡って無効とみなされる（121条）。

意思表示・法律行為が無効あるいは取り消された場合には，法律行為に基づく債務の履行を求めることはできない。仮にすでに事実上履行してしまったものがある場合は，原状回復として，その返還を請求できる（121条の2）。

121条の2第3項は，意思無能力無効や制限行為能力取消しの場合について，原状回復の範囲を，「その行為によって現に利益を受けている限度」に限っている。これを現受利益というが，その意義が問題になったのが［判例15］である。

---

*3｜
たとえば［判例12］では，協議離婚に伴う財産分与契約に関して，夫が，分与を受ける妻に課税がなされると考えて（動機），自己の不動産の全部を妻に分与したところ，後日になって，2億円超の税金が分与者である自分に課されることが判明したという事案が問題となった。

*4｜
エンピツくんのおじいちゃんの知り合いも，契約を取り消すことができる可能性がある。

*5｜まとめ
①心理留保
　Ⓐ　　Ⓑ
　└内心的効果意思なし
　　（意図的）
　⇒意思表示有効
②通謀虚偽表示
　Ⓐ → ← Ⓑ
　└──通謀
　⇒意思表示無効
③意思欠缺錯誤
　Ⓐ　　Ⓑ
　└内心的効果意思なし
　　（意図せず）
　⇒意思表示取消し可
④基礎事情錯誤
　Ⓐ → ← Ⓑ
　└内心的効果意思あり
　　ただし動機レベルの
　　勘違い
　⇒意思表示を
　　取り消せる場合あり
⑤詐欺・強迫による場合
　Ⓐ → ← Ⓑ
　└─詐欺・強迫─┘
　⇒意思表示取消し可
※①〜⑤それぞれにつき，第三者（ⒶとⒷ以外）が保護される場合（意思表示の無効・取消しを第三者に主張できない場合）がある。

*6｜
ⅡのIntroduction（p.9）参照。

12 錯誤

最高裁平成元年9月14日判決（判時1336号93頁） ▶百選Ⅰ-24

事案をみてみよう

XY夫婦は本件建物に居住していたが，Xが他の女性と親しくなったために，Yからの申入れで離婚した。離婚にあたり，Xは，Yの意向に沿って，自己の財産である本件建物を含む複数の不動産全部を財産分与として Yに譲渡する契約（以下「本件財産分与契約」という）をYと結び（①），その後，XからYへの本件建物の所有権移転登記がなされた。

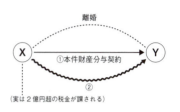

本件財産分与契約の際，Xは，財産をもらうYに税金が課されることを心配してこれを気遣う発言をしたが，財産を譲渡する自分に税金が課されるとは考えてもいなかった。ところが，離婚後，Xに税金が課され，その税額が2億円超になることが判明した。そこで，Xは，本件財産分与契約により自己に税金が課されないことを合意の動機として表示しており，かつ，2億円超の課税がされることを知っていたならば意思表示をしなかったから，本件財産分与契約は改正前95条（95条1項）にいう要素の錯誤により無効であると主張して，Yに対し，本件建物の所有権移転登記の抹消を請求した（②）。控訴審は，課税についてXの動機に錯誤があるにすぎず，Xに対する課税の有無はXY間で全く話題にならなかったから，課税のないことが本件財産分与契約の前提とされ，Xがこれを合意の動機として表示したとはいえないとして，Xの請求を否定した。

読み解きポイント

解説で詳しく触れるが，改正前95条によって錯誤無効が認められていたのは，たとえば，画家Aの作品乙を買うつもりで作品丙を買ってしまったなど，「丙を買う」という表示はしたが，それに対応する意思（丙を買う意思）がないタイプの錯誤（「表示の錯誤」と呼ばれる）であった。

Xは，本件財産分与契約を結ぶ際に，「本件建物をYに財産分与する」と表示し，かつ，本件建物をYに財産分与する意思もあったから，表示の錯誤にはあたらない。むしろ，財産分与をしようと決める前の段階で，《自分には課税されない》との錯誤に陥っているにすぎない。このようなタイプの錯誤は「動機の錯誤」と呼ばれるが，改正前95条は，動機の錯誤を理由として錯誤無効が認められるかについて，何も述べていない。どのように考えればよいだろうか。

また，改正後の民法では，動機の錯誤はどのように扱われているだろうか。

---

*1 | 財産分与

夫婦が離婚するときに，婚姻中に協力して築いた財産を清算したり，離婚後の生活を援助するなどの目的で，一方の名義になっている財産を他方へ分けること（768条）。

*2 | 改正前95条

「意思表示は，法律行為の要素に錯誤があったときは，無効とする。ただし，表意者に重大な過失があったときは，表意者は，自らその無効を主張することができない。」

*3 | 要素の錯誤

その錯誤に陥っていなければ，ⓐ表意者はそのような意思表示をしておらず，かつ，ⓑ一般人もそのような意思表示をしないであろうと認められるほどの重要な錯誤をいう。改正後の民法95条1項1号では，ⓐは「意思表示は……錯誤に基づくもの」の文言に，ⓑは「その錯誤が法律行為の目的及び取引上の社会通念に照らして重要なもの」の文言に，それぞれ対応している。

*4 |

無効については，Introduction（p. 46）参照。

📖 判決文を読んでみよう

「意思表示の動機の錯誤が法律行為の要素の錯誤としてその無効をきたすためには、その動機が相手方に表示されて法律行為の内容となり、もし錯誤がなかったならば表意者がその意思表示をしなかったであろうと認められる場合であることを要するところ……，右動機が黙示的に表示されているときであっても、これが法律行為の内容となることを妨げるものではない。」Xは本件財産分与契約の際、Yに課税されることを心配してこれを気遣う発言をしており、Yも自己に課税されると理解していたことがうかがわれる。そうだとすれば、Xは、自己に課税されないことを当然の前提とし、その旨を黙示的には表示していたものといわざるを得ない。

> ⬇ **この判決が示したこと** ⬇
>
> 本判決は、動機の錯誤については、動機が表示されて法律行為の内容になった場合には錯誤無効が認められる可能性があるとした上で、動機の表示は黙示でもよいと述べた。そして、本件ではXの動機が黙示に表示されていたとした上で、要素の錯誤および重過失の有無を審理させるために控訴審の判断を破棄して差し戻した。[*5]

*5
差戻審では、Xの錯誤は要素の錯誤にあたり、また、Xには重過失まではなかったとして、Xの錯誤無効の主張が認められた。

*6

表示の錯誤

動機の錯誤
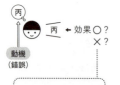

☝ 解説

I. 動機の錯誤と錯誤無効[*6]

Xは、財産分与をする意思があり、それに基づいてその旨の表示もしているので、意思と表示に不一致はない。しかし、意思を形成する過程（動機）で、《自分に課税されることはない》との錯誤に陥っている。このような錯誤を「動機の錯誤」という。

〔読み解きポイント〕でも述べたように、改正前95条によって錯誤無効が認められていたのは、たとえば、画家Aの作品乙を買うつもりで作品丙を買ってしまったなど、表示（丙を買う）に対応する意思がないタイプの錯誤（「表示の錯誤」と呼ばれる）、つまり、意思表示の錯誤であった。もともと意思表示にその意思に従った法律効果が認められるのは、まさに意思が存在するからである。しかし、表示の錯誤では意思が欠けているから、法律効果を認めるべきでなく、その意思表示は無効とされた。

この考えによると、動機の錯誤の場合には意思が存在しているから、意思表示は無効にならない。たとえば、作品丙は無名の画家の作品であるにもかかわらず、画家Aの作品だから欲しいと勘違いし、そのような動機に基づいて、丙を買う意思で丙を買うと表示したとしよう。表示（丙を買う）に対応する意思は存在しており、意思を形成する過程（動機）で《丙は画家Aの作品である》との錯誤に陥っているにすぎないから、これは動機の錯誤にあたる。この場合には、表示に対応する意思が存在する以上、その意思に従った法律効果を認めてよく、意思表示は無効にならない。

しかし、世の中の錯誤は、多くが動機の錯誤である。それにもかかわらず、動機の錯誤を理由とする錯誤無効を一切認めないのでは、不本意な意思表示をした表意者が全く保護されなくなり妥当でない。そこで、本判決が述べるように、動機の錯誤であ

っても，その動機が表示されて法律行為（意思表示）の内容になった場合（以下「動機錯誤無効の要件」という）には，錯誤無効が認められることがあると解されている。この要件を満たす場合には，表示の錯誤と同様に，意思表示自体の錯誤とみることができるからである。

Ⅱ．「法律行為の内容になった」の重視

本判決のいうように，動機の表示は黙示でもよいとすると，動機錯誤無効の要件のうち，「動機の表示」は容易に認められるようになる。本件でも，Xは《自分に課税されることはない》という動機を述べたことはなかったにもかかわらず，Yを気遣う発言などから，動機の黙示の表示が認定されている。

そうすると，動機錯誤無効の要件の中で重要なのは，動機の表示の有無ではなく，「法律行為の内容になった」の部分だといえる。最近の判例でも，動機が明示または黙示に表示されていても，「法律行為の内容になった」とはいえないとして，錯誤無効の主張が否定された。[*7]

実際上も，動機の表示はあまり重視すべきでない。たとえば，紛失したと思ってペンを買いに来た者が，「ペンを紛失した」という動機さえ表示しておけば，後でペンが見つかったときに錯誤無効の主張ができる（この主張が認められると，ペンの売買契約は初めからなかったことになる）というのは，常識に反するだろう。この例ではむしろ，動機の表示はあるが，その動機が法律行為の内容になったとはいえないとの理由で，錯誤無効の主張を否定するのが妥当だと考えられる。

そこで，動機が法律行為の内容になるのはどのような場合かが問題となる。一般的には，それぞれのタイプの法律行為（契約）において当事者が通常重視するような動機であれば，法律行為の内容になるといってよいだろう。たとえば，売買契約であれば，目的物の品質がどうか，その品質と代金額が釣り合っているか，などである。売買契約は代金に見合った目的物を手に入れるという動機で行われ，相手方もそのことを了承しているはずなので，その動機に錯誤があったときは，売買契約の効力を否定してよいと考えられるからである。[*8] これに対して，ペンの紛失という個人的な動機は，売買契約において当事者が通常重視しているとはいえないから，法律行為の内容にならない（したがって動機の錯誤を理由とする錯誤無効も認められない）だろう。

Ⅲ．改正後の民法95条1項2号・2項の解釈

これまで述べてきた「動機の錯誤」は，改正後の民法95条1項2号に，「法律行為の基礎とした事情についてのその認識が真実に反する錯誤」（以下「基礎事情錯誤」という）として明文化されている。[*9]

基礎事情錯誤を理由とする取消しが認められるには，「その事情が法律行為の基礎とされていることが表示されていた」ことが要件とされる（95条2項）。[*10] 本判決に照らすと，ⅰ「表示」は黙示でもよく，また，ⅱ「その事情が法律行為の基礎とされている」とは，「法律行為の内容になった」と同様の意味であると解される。したがって，改正前95条の解釈（Ⅱ）と同様に今後も，ⅱが重視されると考えられる。

[*7] 最判平成28・1・12民集70巻1号1頁。債務者が反社会的勢力であることを知らずに保証人となった者が，債権者と結んだ保証契約の錯誤無効を主張した事案。最高裁は，債務者が反社会的勢力でないという保証人の動機が明示または黙示に表示されていても，保証契約の中では，債務者が反社会的勢力であった場合の取扱いについて定めておらず，このことが保証契約の内容になったとはいえないとした。

[*8] 本件の財産分与契約であれば，自分の財産を一方的に相手方に与えるのだから，もし自分に税金が課されるならば，その分だけ相手方に与える財産を減らそうと考えるし，相手方もそのことはわかっているだろう。そうすると，税金が誰に課されるかは，財産分与の当事者が通常重視するような動機だといえる。

[*9] これまでの「表示の錯誤」は，「意思表示に対応する意思を欠く錯誤」（意思欠缺錯誤）と表現される（95条1項1号）。

[*10] 錯誤の効果は，改正前は無効であったが，改正後は取消しとされた（95条）。取消しについては，Introduction（p. 46）参照。

049

13 94条2項の類推適用

最高裁昭和45年9月22日判決（民集24巻10号1424頁）　　▶百選 I -21

事案をみてみよう

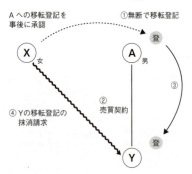

　X女は，小料理屋を営業するため，本件土地を購入した。Xによる購入代金の支払について，当時Xと交際していたA男が，相当額の援助を行った。その後，Xが他の男性と深い仲になっているとの噂を耳にしたAは，自分が資金援助した本件土地を確保すべく，Xの実印*1と本件土地の権利証*2を無断で使用し，本件土地の所有権移転登記を得た（①）。Xがこの事実にすぐに気づいたため，AはXに謝罪し登記名義の回復を約束したが，回復のための費用のねん出が困難であったため，回復はいったん先送りされた。その後，XとAは婚姻し，同居生活を始めたこともあり，登記名義の回復はなされないままとなった。その間，Xは，B銀行から借金をするに際して，登記名義をAとしたまま本件土地にB銀行の抵当権を設定した。そうしてAへの所有権移転登記から4年あまりが経過した後*3，AはXに離婚の訴えを提起し，その翌月，本件土地をYに売却し（②），登記を移転した（③）。

　Xは，自らが本件土地の所有者であると主張して，Yに対して，Yの所有権移転登記の抹消登記手続をするよう求めた（④）。

---

*1｜実印・印鑑証明書
市区町村長にあらかじめ届け出てある印章を実印という。1人1個しかない。市区町村長から印鑑証明書の交付を受け，文書に押印された印影と届け出てある印影が同一であることを確認することにより，文書の作成者が本人に違いないとの証明ができる。

*2｜権利証
登記済証の通称。平成16年（2004年）の不動産登記法改正前は，登記手続をする際の本人確認手段として利用され，登記手続完了時に登記名義人に交付されていた。登記済証は平成16年の不動産登記法改正によって廃止され，現在では登記識別情報（数字等から成る12桁の符号）が新たな本人確認手段となっている。

✓ 読み解きポイント

　本件土地はもともとXの所有物であり，AはXから本件土地の所有権を取得していないので，Aの登記は，実体に反する登記（このような登記を不実登記という）である。したがって，Yは，無権利者Aと取引をしたにすぎず，本件土地の所有権を取得できないのが原則である。

　もっとも，仮に本件が，「Xが，Aと通謀して虚偽の意思表示をし（94条1項参照），その意思表示がなされた旨を示す不実登記を作出した」という事案であれば，その登記を信頼してAと善意で（Aが無権利者であるとは知らないで）売買契約をしたYは，94条2項の適用により本件土地の所有権を取得できる。

　しかし，XからAへの所有権移転登記という「虚偽の外観」はそのように作られたのではなく，AがXに無断で作出したものである。そうすると，94条2項を直接適用してYを保護することは難しい。このような場合でも，Yを保護する余地はあるだろうか。

📖 判決文を読んでみよう

「およそ，不動産の所有者が，真実その所有権を移転する意思がないのに，他人と通謀してその者に対する虚構の所有権移転登記を経由したときは，右所有者は，民法94条2項により，登記名義人に右不動産の所有権を移転していないことをもって善意の第三者に対抗することをえないが，不実の所有権移転登記の経由が所有者の不知の間に他人の専断によってされた場合でも，所有者が右不実の登記のされていることを知りながら，これを存続せしめることを明示または黙示に承認していたときは，……94条2項を類推適用し，所有者は，……その後当該不動産について法律上利害関係を有するに至った善意の第三者に対して，登記名義人が所有権を取得していないことをもって対抗することをえないものと解するのが相当である。けだし，不実の登記が真実の所有者の承認のもとに存続せしめられている以上，右承認が登記経由の事前に与えられたか事後に与えられたかによって，登記による所有権帰属の外形に信頼した第三者の保護に差等を設けるべき理由はないからである」。

そして，本件の事実関係によれば，「XからAに対する所有権移転登記は，実体関係に符合しない不実の登記であるとはいえ，所有者たるXの承認のもとに存続せしめられていたものということができる」。

↓ この判決が示したこと ↓

不実の所有権登記が他人の専断（他人が勝手に移転登記の手続をするなど）によってなされた場合であっても，所有者が，不実の登記がされていることを知りながら，その存続を「〔明示または黙示に〕承認」していたときは，94条2項を類推適用*4できる，と示した。

その上で，不実登記を知りながら回復を行わずに4年あまりが経過し，不実登記をそのまま利用して抵当権設定を行ったなどの本件の事情の下では，Xの「承認」があると認められ，Yが善意である場合には，94条2項が類推適用されると判断した。

☝ 解説

Ⅰ．94条2項の趣旨と類推適用の可能性

上述のように，本件は，94条2項が直接適用できる事案ではない。しかし，94条2項というルールの趣旨を考えてみれば，それが直接に適用される場面以外にも，第三者が保護される場面があってよいことがわかる。すなわち，そもそも94条2項が第三者（無権利者から契約の目的物を譲り受けた者など）に例外的に権利取得の余地を認めているのは，意思表示がなされたという虚偽の外観を，通謀によって，すなわち自らの意思に基づいて作成した「真の権利者の帰責性」と，その外観を虚偽とは知らなかった「（善意の）第三者の信頼」という2つの要素を考慮すると，「真の権利者」より「第三者」の保護が優先されるべきと考えられるからである。このように，「真の権利者の帰責性」と「善意の第三者の保護の必要性」の衡量から第三者保護という

---

*3 | 抵当権
債権を担保するために，土地や建物などに設定される権利。たとえば，他人に金を貸す場合，債権者（貸主）には，債務者（借主）が返済をしてくれないというリスクがある。そこで，債権者のより確実な債権回収のために，債務者が所有する土地や建物に抵当権が設定されることがある。抵当権が設定された土地や建物は債務者が利用し続けることができるが，債務者が債務を履行しない場合，債権者は，その土地や建物の売却代金等から，他の債権者よりも優先して弁済を受けることができる（369条1項参照）。

*4 | 類推適用
〔判例05〕*6参照。

結論が導かれるのだとすると，虚偽の外観の作出自体は他人がした場合であっても，真の権利者に，通謀によって自ら虚偽の外観を作出した場合と同等の「帰責性」を見出すことができるならば，その帰責性を根拠に，94条2項を直接適用した場合と同様に善意の第三者を保護することが正当化される。

では，どういう場合に，自ら虚偽の外観を作出した場合と同等の「帰責性」を認めることができるか。この問題について，本判決は，所有者が不実登記を知りながら，それが存続することを「明示または黙示に承認していたとき」には，このような「帰責性」が認められる，したがって，94条2項を類推適用できる，と判断した。不実登記についての真の権利者の「承認」が，「事前」，すなわち不実登記作出前になされた場合が，94条2項が直接適用される典型例であるが，その「承認」が「事後」になされた場合でも，不実登記が真の権利者の「承認」によって存続しているといえる限りは，第三者の保護に差を設ける必要はない，というわけである。

II．本件への適用

次に，本件ではこのような「〔明示または黙示の〕承認」をXがしていたといえるかが問題となる。本判決は，Xは「〔黙示の〕承認」をしていた，と結論づけている。では，本件のどのような事実関係がこの結論を導く上で重要だったのか。

この点，まず，Xが不実登記を認識してから4年あまりも放置していた点をもって，「〔黙示の〕承認」をしていたと評価できるかが問題になる。しかし，ここでの「承認」は，94条2項を直接適用する場合と同等の「帰責性」を備えたものであることを要するところ，Xは当初から登記の回復を意図しており，費用の問題やAとの婚姻という事情により（夫婦間で財産関係を明確にしようとしないことは，必ずしも不自然とはいえない）回復を実現できなかっただけとみることもでき，この事実だけで，94条2項を直接適用する場合と同等の「帰責性」を備える「承認」をXがしていた，とは評価しがたい。

しかし，本件では，Xが，B銀行の抵当権を設定する際にも本件土地の登記名義をAのまま変更しなかった，という事情があった。すなわち，Xは，単に不実登記を放置していただけでなく，それを前提として第三者と新たな取引をしていたわけである。本判決は，この事実を重視して，Xは事後的な「承認」をしていたと評価したと考えられる。

III．その後の展開

本判決は，他人が作出した虚偽の外観に基づいてこれを信頼した第三者が現れた場合に94条2項の類推適用を認めるためには，真の権利者の「〔明示または黙示の〕承認」が必要であると判断した。もっとも，「承認」以外にも，「真の権利者の帰責性」を見出しうることはある。では，「承認」があるとは評価できない場合にも，第三者を保護する余地を認めるべきか。この点については，次の〔判例14〕で詳しく検討しよう。

14 94条2項と110条の類推適用

最高裁平成18年2月23日判決（民集60巻2号546頁） ▶百選Ⅰ-22

事案をみてみよう

　Xは，所有する本件土地の賃貸に関する（契約締結を含む）一切の代理権をAに授与していた。そして，Xは，業者への委託費名目でXがAに預けていた金銭の返還手続に本件土地の登記済証が必要である，とのAの言葉を信じ，Aに本件土地の登記済証を交付した。また，Xは，別の土地（以下「土地甲」という）の登記手続に関する代理権もAに授与していたところ，その登記手続に必要であるとAに言われ，Aに印鑑証明書を交付した。そして，Xは，本件土地を売り渡す意思がないにもかかわらず，Aが作成した「本件土地をAに売却する」旨の売買契約書に，その内容や使いみちを確認することなく，署名・押印した。また，Xは，土地甲の登記手続に必要と言われてAに実印を渡し，Aが本件土地の登記申請書にその場で押印するのを漫然と見ていた。こうしてAは，上記登記済証や印鑑証明書，登記申請書を利用して，本件土地の所有権移転登記を得た（①）。その後，Aは本件土地をYに売却し（②），登記を移転した（③）。

　Xは，自らが本件土地の所有者であると主張して，Yに対して，Yの所有権移転登記の抹消登記手続をするよう求めた（④）。

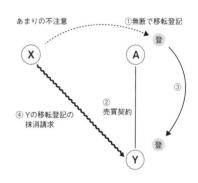

*1｜権利証
　　（登記済証）
［判例13］*2参照。

*2｜実印・
　　印鑑証明書
［判例13］*1参照。

✓ 読み解きポイント

　本件も［判例13］と同じように，他人（A）が不実の登記（XからAへの所有権移転登記）を作出し，その登記に示された権利関係を真実と信じた第三者（Y）が現れた事案である。ただ，［判例13］とは異なり，真の所有者Xが不実の登記を事後的に「承認」した，という事情も見当たらない。このような事案でも，Yを保護する余地はあるだろうか。

📖 判決文を読んでみよう

　「Aが……本件登記手続をすることができたのは，上記のようなXの余りにも不注意な行為によるものであり，Aによって虚偽の外観（不実の登記）が作出されたことについてのXの帰責性の程度は，自ら外観の作出に積極的に関与した場合やこれを知りながらあえて放置した場合と同視し得るほど重いものというべきである。そして，……Yは，Aが所有者であるとの外観を信じ，また，そのように信ずることにつ

*3 │ 類推適用
［判例05］*6参照。

いて過失がなかったというのであるから，民法94条2項，110条の類推適用*3により，Xは，Aが本件不動産の所有権を取得していないことをYに対し主張することができないものと解するのが相当である」。

> ⇩ この判決が示したこと ⇩
>
> 「余りにも不注意な行為」により虚偽の外観（不実登記）の作出を可能にした真の権利者の帰責性が，「自ら外観の作出に積極的に関与した場合」等と「同視し得るほど重い」と評価できる本件のような場合には，94条2項，110条を類推適用でき，不実の登記を過失なく信じて取引した第三者が保護される，と判断した。

*4 │
最判昭和43・10・17民集22巻10号2188頁。

*5 │ 仮登記
たとえば，AB間で売買の予約をし，B所有の不動産について，将来その所有権を取得しうる地位をAが得たとする。この予約の時点では，所有者はまだBなので，Aは（本）登記を得られない。この時，Aが実際に所有権を取得するまでに，BがCにも同じ不動産を売却し，Cが先に（本）登記を得ると，Aは所有権を取得できない（177条）。しかし，予約の時点でAは仮登記をすることができ，これを備えておくと，その後にCが（本）登記を得ても，先に仮登記を備えていたAが優先する（仮登記の順位保全効）。このように，仮登記は，将来所有権を取得しうる地位を示すものであり，現在の所有者を示すものではない。

*6 │
110条については，［判例20］，［判例21］を参照。

*7 │
正確には，110条は，「代理人の権限があると信ずべき正当な理由があるとき」と定めている。「正当な理由」については，［判例21］参照。

解説

Ⅰ．前提知識

この判決を理解するために必要な前提知識が2つある。

第1は，［判例13］のように，他人が作出した虚偽の外観（不実の登記）を真の権利者が「承認」した場合には，94条2項を類推適用し，その外観を信じた善意の第三者を保護するとした判例があることである。

第2は，［判例13］とは別の判例の存在である。すなわち，最高裁昭和43年判決*4は，不動産の売買予約をしたとみせかけることをQからもちかけられた真の権利者Pが，Qへの所有権移転の仮登記手続を行うことを承認したところ，QがPに無断でこの仮登記を本登記に改め，不動産をRに処分した，という事案において，94条2項と110条の「法意に照らし」，本登記を信頼した善意・無過失の第三者Rは保護される，と判断した。この事案において，真の権利者Pが承認していた「虚偽の外観（＝Qの仮登記，これはPが〔現在の〕所有者であることを示す）」と，第三者Rが信頼した「外観（＝Qの本登記，これはQが所有者であることを示す）」は異なる。したがって，［判例13］の考え方では，第三者Rを保護できない。しかし，ここで，一定の代理権を授与された者がその権限の範囲外の行為をした場合に本人に責任を負わせる110条を想起してみよう。すると，Qについて虚偽の外観作出を承認したところ，そのQが承認した外観とは異なる外観を作出して第三者Rと取引をしたという場面では，真の権利者Pに，110条適用の場合における本人と類似した帰責性があるといえる。そこで，94条2項と110条の「法意に照らし」，善意・無過失の第三者Rは保護されると判断したのだと考えられる。ここでの第三者の保護要件が単なる善意ではなく善意・無過失とされた理由は，形式的には，110条の相手方保護要件が善意・無過失であること*7，実質的には，第三者が信頼した外観自体には真の権利者の承認がない点で，真の権利者の帰責性が94条2項を直接適用する場合等と比べて小さい分，第三者の保護要件を厳しくすべきことに求められる。

Ⅱ．本判決と先例との関係

上記のように，従来の判例では，（類推適用であれ法意に照らすのであれ）94条2項に

よる第三者の保護は，何らかの「虚偽の外観」について真の権利者の（事前または事後の）承認がある場合に認められてきた。しかし，本件は，このような事案ではない。すなわち，Xは，Aの所有権登記について，Yへの売買がなされるまで，承認どころか認識すらしていなかった。しかし，そのような場合でもYを保護した点に，本判決の特徴がある。

本判決が重視した事情は，Xの「不注意」である。たしかに，Xは，預けていた金銭の返還手続に関して必要になるとは考えにくい登記済証をAから言われるままに交付し，内容を確認することもなく売買契約書に署名・押印し，Aが登記申請書にXの実印を使って押印するのを漫然と見ていたなど，その不注意の程度は著しい。これをもって，本判決は，Xの帰責性の程度は，「自ら外観の作出に積極的に関与した場合〔＝94条2項の直接・類推適用の典型例〕」等と「同視し得るほど重い」と評価した。

Ⅲ．「94条2項と110条の類推適用」という法的構成の意義

もっとも，「不注意」を，外観の作出への積極的な関与等と「同視」してよいかは，検討の余地がある。本判決も，「同視し得る」と言いつつも，94条2項のみによっての解決を図ってはいない。すなわち，110条も類推適用し，善意・無過失のYは保護される，と判断している。ただし，その意図は判決文上明確ではなく，さまざまな見方がありうる。94条2項直接適用や従来の類推適用の場面より真の権利者の帰責性が小さいことを考慮して第三者の無過失を要求するための便宜的構成，という見方もありうるが，そのほかに，本件はXがAに一定の代理権を付与していた事案であり，もしAが（本件のように，自己の所有物として売却するのではなく）Xの代理人としてYに本件土地を売却していたら，110条によりYが勝訴したと考えられる事案である点に注目してこのような構成がとられた，という見方もありうる（実際に，第1審・控訴審は「110条の類推適用」により，Y勝訴とした）。後者の見方によると，このような代理権付与の事実が全くない最高裁昭和43年判決の事案より，110条との距離が近いゆえに，94条2項と110条の「法意に照らし」ではなく，94条2項と110条の「類推適用」という構成がとられた，と説明することもできる。

Ⅳ．今後の検討課題

ほかにも，本判決には，ⓐXにどの程度の「不注意」があると94条2項と110条の類推適用ができるのか，ⓑ本判決は，「自ら外観の作出に積極的に関与した場合やこれを知りながらあえて放置した場合」には94条2項を利用して第三者を保護できることを前提としているようだが，この判断と，外観への「承認」を要するとした[判例13]の関係はどう解すべきか，等，今後の検討を要する問題が多く残されている。

*8
この点については，94条2項と110条の類推適用により第三者を保護した控訴審判決を破棄し，真の権利者を勝たせた最判平成15・6・13判時1831号99頁が注目される。この事件も，真の権利者X′が他人A′に登記済証等を交付し，A′がこれら書類を悪用して第三者Y′に不動産を売却した事案であるが，本件との事実関係の違いは，ⅰX′は，これら書類をX′・A′間の取引に関する手続のために利用するものと信じて交付したのであり，A′が第三者との取引に際してこれらを使うとは考えていなかったこと，ⅱX′は，交付後に不安を抱いて何度もA′に問い合わせたものの，言葉たくみに言い逃れされていたこと，等にある。詳しくは，実際に判決文を読んで比較してみてほしい。

15 取消しと現に利益を受ける限度

大審院昭和7年10月26日判決（民集11巻1920頁）

事案をみてみよう

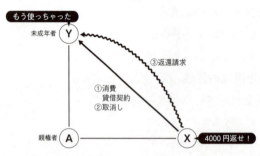

大正15年12月9日，Xは，未成年者Yに対して4000円（現在の価値で約228万円）の金銭を貸し付けた（①）。しかし，この消費貸借契約は，Yの親権者である母Aが，親族会の同意を得ないまま，Yを代理して締結したものであったため，Yは消費貸借契約を取り消し，Xに対して債務不存在確認訴訟を提起したところ，この訴訟はX敗訴となり，確定した（②）。そこで，XはYに対して，Yは受け取った金銭を他に負っていた債務の支払や生活費にあてたから，消費貸借契約によって4000円相当の利益を現に受けているとして，改正前121条ただし書（121条の2第3項）により，同額の返還を請求した（③）。控訴審は，3599円[*2]の利益が現に存在しているとしてXの請求を認めたので，Yが上告した。

*1 | 時代背景
戦前の民法では，裁判所が本人の親族や縁故者から3名以上の者を選任して親族会という合議体を構成させ，この合議体に，未成年の子のための親権行使の監督などを行わせていた。本件の当時は，親権を行う母が未成年の子に代わって借財をするには親族会の同意を得る必要があり，これを得ずに行われた行為を，子または法定代理人は取り消すことができるとされていた。本件のYによる取消しはこれに基づくものである。

✓ 読み解きポイント

法律行為が無効であったときや取り消された場合において，その行為により金銭や物などを受け取っていたときには，その金銭や物などを相手方に返さなければならない（121条・121条の2第1項）。ただし，改正前121条ただし書（121条の2第3項）によれば，Yのような未成年者の場合などには，「現に利益を受けている限度」で返還すればよいこととされている。ここにいう「現に利益を受けている限度」とは，どのような意味なのだろうか。もしYがXから受け取った金銭を既存債務の支払や生活費に使ってしまって手元に金銭が残っていない場合でも，YはXに対する返還義務を負うのだろうか。

判決文を読んでみよう

(1)「無能力者[*3]が，取消し得べき法律行為に因り相手方より受領せし金員を以て，自己の他人に対する債務を弁済し又は必要なる生活費を支弁したるときは，無能力者は，其の法律行為に因り現に利益を受け居るものと謂い得べきを以て，当該法律行為を取消したる以上，民法第121条に依り，其の弁済又は支弁したる金員を相手方に償還する義務を有するものとす」。

(2)「蓋し，無能力者の負担する債務又は生活費は，其の財産を以て弁済又は支弁することを要するものなれば，之に必要なる資金を自己の財産より支出することなく，取消し得べき法律行為に因り受領せし金員を之に充てたるときは，無能力者の財産は其の範囲に於て減少すべかりしもの減少せずして尚存在するものにして，無能力者は現に其の利益を受け居れるものと謂うを得べければなり」。*4

> **この判決が示したこと**
>
> 取り消すことのできる法律行為によって受け取った金銭を既存債務の支払や生活費にあてた場合には，仮にその金銭がなかったら，別の金銭をそれらの支払にあてなければならなかったのであって，それをせずにすんだという意味で，財産の減少を免れている。このような考えから，本判決は，Yの利得は現在もなお存在し，Yは返還義務を負うとした。

解説

Ⅰ．無効・取消しの場合の原状回復義務

法律行為が取り消された場合，その行為は初めから無効であったものとみなされる（121条）。

121条の2によれば，無効な法律行為（取り消されて無効になった場合も含む）に基づく債務の履行として給付を受領した者は，原状回復，つまり受領した金銭や物を相手方に返還しなければならない（同条1項）。ただし，行為の時に意思能力を有しなかったために無効となる場合や，制限行為能力者がした法律行為が取り消された場合*5には，意思無能力者や制限行為能力者を保護するために返還義務が軽減されており，その行為によって現に利益を受けている限度において，返還義務を負うにすぎない（同条3項）。

Ⅱ．「現に利益を受けている限度」の意味

この「現に利益を受けている限度」とは，取り消すことのできる行為によって事実上得た利得が，そのまま，あるいは形を変えて残存しているときに限り，その分だけを返還すればよいという意味である。したがって，受け取った金銭や物が残っている場合にはそれをそのまま返還し，受け取った金銭で購入した物が存在する場合には，購入にあてた金銭相当額を返還しなければならない。これに対して，受け取った金銭や物が残っていなければ，それを返還する必要はない。たとえば，本件では，借金のうち210円を銀行に預け入れていたが，その銀行が破産して預金が回収不能となったために，210円についての利得は現存していないとされた。

では，受け取った金銭を既存債務の支払や生活費にあてるなど必要な出費にあてたが，購入した物が残っているわけではないという場合はどうだろうか。本件では，3599円分について，この点が問題となった。本判決は，もし受け取った金銭をあてなかったら，別の金銭をそのために使わなければならなかったのであって，それをせ

---

*2 Xは，あらかじめ利息を引くと称して，実際には191円を差し引いた3809円しかYに渡さなかったため，控訴審は，消費貸借契約は実際に渡された3809円でのみ成立するとした。その上で，そのうち210円については，預け入れた銀行が破産して回収不能となったため，利得は残っていないとされた結果，Yの利得は，3599円の限度で現在もなお存在しているとされた。

*3 無能力者
この用語については［判例03］参照。

*4 現代語訳
「無能力者の負担する債務または生活費は，本来，無能力者の財産をもって弁済または支弁する必要のあるものであるから，そのために必要な資金を自己の財産から支出することなく，取り消すことのできる法律行為によって受領した金銭をこれにあてたときは，無能力者の財産は，その範囲で，減少すべきであったものが減少せずになお存在するものであって，無能力者は現にその利益を受けているということができるからである」。

*5 ⅡのIntroduction（p. 9）参照。

ずにすんだという意味で，利得はなお形を変えて残存しているのだから，返還義務を負うとした。これを「出費の節約」の理論という。

　これに対して，受け取った金銭をギャンブル等で浪費したなど，不必要な出費にあてて，しかも購入した物も残っていないという場合はどうだろうか。判例によれば，この場合は利得は残存しておらず，返還義務もない[*6]。しかし，生活費にあてた場合には返還義務を負うのに，浪費した場合には返還義務を負わないというのは，いかにも不公平であるように思われることから，浪費であるとの認定は限定的にすべきという主張もある。

[*6] 大判昭和14・10・26民集18巻1157頁。

Chapter V

代理

　ここまでは，1人対1人の間で契約が行われる場合を念頭に置いて解説してきた。しかし，世の中で行われる取引はこのような場合に限られない。たとえば，ニュースなどで，有名なスポーツ選手が所属チームを移籍する場合に，選手の「代理人」が移籍先のチームと交渉して合意に達したという話を聞いたことはないだろうか。自分のことは自分で決めるという私的自治が民法の原則であるが，ここでは，より有利な移籍条件を獲得するために，専門家に依頼して交渉や契約の締結を行ってもらっているのである。本章では，このような，ある人のために，別の人が交渉や契約の締結を行う「代理」という制度に関する判例を学習する。

Contents
Ⅰ　通則──基本原則
Ⅱ　人
Ⅲ　法人
Ⅳ　法律行為・意思表示
ココ！　Ⅴ　代理
Ⅵ　時効

Introduction

代理

ニュースなどで代理人という言葉を聞くことがあるけれど，代理ってどういう制度なの？ 自分で契約する場合とどこが違うの？

　私的自治の考え方からは，自分のことは自分で決めるのが原則である。しかし，すべて自分で行うよりは，交渉が得意な人にまかせて交渉や契約の締結をしてもらったほうがよいこともあるし，事業を行う場合などには，複数の人を雇って複数の場所で活動させ，契約を締結してもらったほうが，より利益もあがる。また，未成年の子どものために，親権者である親が代わって取引をすることもある。このような場合に用いられる制度が「代理」である。

1. 代理の意義と要件

▼代理の当事者

　代理とは，本人に代わって他の者が行った法律行為の効果を本人に直接帰属させる制度である。代理制度には，法定代理と任意代理の２種類がある。法定代理とは，成年後見人や未成年者の親権者のように，代理権が法によって与えられる場合をいう。これに対して，任意代理とは，本人が他人に代理権を授与する場合をいう。前のページで述べた，スポーツ選手の代理人がその例である。

　代理人の行った法律行為の効果が本人に帰属するためには，①有効な代理行為，②顕名，③代理権の存在の３つの要件が必要である（99条１項）。

2. 有効な代理行為

　まず，代理人の法律行為が無効あるいは取り消されたものでないことが必要である。たとえば，代理人と相手方との間の契約が，相手方の錯誤により取り消された場合には，その契約が本人・相手方間に帰属することはない。

3. 顕名

　次に，法律行為の効果の帰属先が代理人ではなく本人であることを示す必要がある。法律行為の相手方に，効果の帰属先を示すためである。これを顕名という。顕名が行

*1 ⅡのIntroduction（p. 9）参照。

*2 Ⅳ-2のIntroduction（p. 46）参照。

われなかった場合には，法律行為の効果は原則として代理人に帰属する。ただし，相手方が，代理人が本人のために行為をしていることを知り，または知ることができた場合には，法律行為の効果は本人に帰属する（100条）。

4．代理権の存在と無権代理・表見代理

最後に，代理人には代理権がなければならない。あくまで私的自治が原則であるから，他人の法律行為の効果が本人に及ぶという例外を認めるためには，他人に代理権を与える旨の法律上の根拠（法定代理の場合），あるいは，本人・代理人間の契約（任意代理の場合）が必要である。

代理権をもたない者が代理人と称して契約を締結した場合や，代理人が代理権の範囲を越える行為をした場合，法律行為の効果は本人にも代理人にも帰属しない。いわば，宙に浮いた状態になる。これを無権代理という。無権代理が行われた場合には，本人は追認権，追認拒絶権をもつ（113条・116条）。他方，相手方は催告権（114条），取消権（115条）をもち，無権代理人の責任追及（117条）ができるほか［→判例23］，表見代理といって，有効な代理行為があったものと扱う制度によって本人に責任を追及することもできる（109条・110条・112条）。［判例18］から［判例22］は，表見代理に関わる判例である。

*3｜追認
無権代理人の法律行為を本人が追認すると，その法律行為の効果は本人に帰属する。本人は，追認を拒絶することもできる。

*4｜催告権
追認するかどうかを確答するよう本人に求めることができる権利。

▼ 無権代理の場合に本人と相手方がとりうる手段

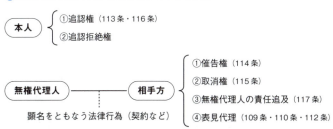

他方，形式的には代理権の範囲内と思われる行為であっても，自己契約や双方代理など本人との利益が相反する行為（108条）や，代理人または第三者の利益を図る目的で行われた行為（代理権の濫用。107条）は，無権代理と扱われる［→判例16，判例17］。

無権代理は，親族間で行われることも多い。そうした場合には，本人あるいは無権代理人のどちらかが後に死亡して，無権代理人が本人を相続したり，本人が無権代理人を相続したりということが起こる。［判例24］と［判例25］は，この無権代理と相続の問題に関わる判例である。

16 実質的な利益相反行為
―― 相手方に代理人選任を依頼する合意

大審院昭和7年6月6日判決（民集11巻1115頁）

🔍 事案をみてみよう

YはXに家屋を賃貸していた。YがXからの賃料値下げの要求を拒絶したところ、Xはその後賃料を支払わなくなったため、Yが家屋明渡しを求めると、Xは多額の立退料を要求して応じようとしなかった。Yは、あらかじめXから、Xの代理人をYが選任して、その代理人と契約を締結することを可能にする委任状を受領していたので、この委任状を利用してAをXの代理人に選任し（①）、Aとの間で、Xにきわめて不利な内容での延滞賃料の支払や契約の解除、家屋の明渡しに関する裁判上の和解を締結した（②）。そこでXは、和解不成立の確認を求めて訴えを提起した（③）。第1審はXの請求を認めたが、控訴審は請求を棄却したので、Xは上告した。

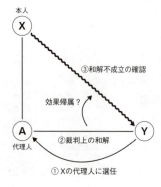

*1
XはYから、この委任状を交付しなければ家屋を貸してやらないぞと言われたので、やむを得ず、このような不利な委任状を交付したのであった。

✓ 読み解きポイント

本件では、本人Xと相手方Yの間で、相手方Yが本人Xの代理人を選任して、その代理人と契約を締結することを可能にする合意（委任）が行われている。このような場合、Yが自分に都合の良い代理人を選ぶなどして、Xにとって不利な契約を結んでしまうおそれもあるが、それでも、その合意は有効なものとして、選任されたAは代理権を有すると考えてよいだろうか。

📖 判決文を読んでみよう

「代理人の選任は必しも自ら之を為すことを要せずして他人に委任して之を為さしむることを得べき」ものであるが、「代理人をして相手方と交渉して契約事項を商議協定せしむるが如き場合に於て、相手方に其の選任を委任するときは、相手方は、他の一方の当事者と反対の利害関係を有する為、之に不利益なる者を代理人に選任することなきに非ず。又其の選任せられたる者も、誠意正心を以て本人たる他の一方の為に任務を尽すや否や付疑あるのみならず、往々相手方と通謀して故らに本人の不利益を図ることなきに非ず。然るときは、相手方が他の一方の当事者の代理人として法律行為を為すと結果に於て大差なきを以て、民法第108条の趣旨に準拠して、斯る委任は無効にして、其の選任せられたる者は代理権を有せず。従て其の者が代理人として為したる契約は、本人の追認あるに非ざれば之に対して其の効力を生ぜざるものと解するを相当とす」。控訴審判決の趣旨が、もしXが代理人の選任をYに委任したと

いう趣旨のものであれば，その委任は上記の理由により無効である。また，Xが自らAを代理人に選任したという趣旨のものであれば，証拠および証人の証言を総合した結果に反するものといわざるを得ない。*3

> **この判決が示したこと**
>
> 本判決は，代理人の選任を相手方に依頼することを許容すれば，相手方は，他の一方当事者（本人）と反対の利害関係を有するため，本人に不利益な者を代理人に選任する可能性があり，また，選任された者も本人に不利益に行動するおそれがあり，契約の相手方が他の一方の代理人として契約を締結する自己契約の場合と大差ないとして，相手方が本人の代理人を選任して，その代理人と契約を締結することを可能にする合意（委任）は無効であり，選任された者は代理権を有しないとした。

解説

I. 自己契約・双方代理（108条1項）

代理権の範囲は，法定代理の場合は法律の規定によって決定され，任意代理の場合は当事者の取り決めで決定されるが，そのほか，108条に抵触する場合も代理権の範囲外の行為とされる。

108条1項によれば，まず，当事者の一方が相手方の代理人になることは禁じられる。たとえば，土地の売却について代理権を与えられた者が，自ら買主になることはできない。これを自己契約の禁止という。また，1人で双方の代理人を兼ねることも禁じられており，これを双方代理の禁止という。

このような禁止の趣旨は，代理人は本人の利益を第一に考えて行動しなければならないのに，どちらの場合も，そのような要請を貫徹できないことにある。自己契約であれば，代理人は自分の利益だけを考えて契約を結ぶ可能性があり，双方代理では当事者の一方にのみ有利な契約が締結される可能性がある。このような状況を利益相反関係というが，これでは本人の利益が図られないため，民法は，契約の内容いかんにかかわらず，これらの場合を形式的に代理権の範囲外としたのである（代理行為は無権代理となり，その効果は，本人にも代理人にも帰属しない）。なお，契約の内容が実質的に本人の利益になることもあるかもしれないが，その場合，本人は，代理行為を追認することができる（追認すると，代理行為の効果が本人に帰属する）。

以上に対して，108条1項ただし書は，債務の履行の場合および本人があらかじめ許諾を与えている行為について，禁止の例外を認めている。たとえば，売買契約の両当事者が所有権移転登記の申請手続を同一の司法書士に委任する行為は禁止されない。これは双方代理ではあるが，すでに決まっている内容をそのまま実現するだけであり，代理人に利益相反状況が生じることはないからである。*4

II. その他の利益相反行為の禁止（108条2項）

実質的に代理人と本人の間で利益が相反する場面は，自己契約・双方代理の場合に

---

*2 現代語訳
「代理人に相手方と交渉して契約事項を商議し，協定させるような場合において，相手方に代理人の選任を委任するときは，相手方は，他の一方の当事者と反対の利害関係を有するため，本人に不利益な者を代理人に選任する可能性がある。また，その選任された者も，誠心誠意をもって本人である他の一方のために任務を尽くすかどうかについて疑わしいだけでなく，しばしば相手方と通謀してことさらに本人の不利益を図る可能性がある。そうだとすれば，相手方が他の一方の当事者の代理人として法律行為を行うのと結果的に大差ないことから，民法108条の趣旨に準拠して，このような委任は無効であり，その選任された者は代理権を有しない」。

*3 結論としては，控訴審判決がXが自らAを代理人に選任したという趣旨のものであれば，それを基礎づける証拠が必要だから，さらに審理すべきであるとして，控訴審判決を破棄し，事案を差し戻した。

*4 このケースは，債務の履行の場合であると同時に，本人の許諾がある場合でもある。

限られない。そこで，108条2項は，自己契約・双方代理に該当しない利益相反行為の禁止を定める[*5]（法定代理については，826条・860条が利益相反行為の禁止について定めている。[判例**17**]の解説も参照）。

　本判決の事案では，YがXの代理人になったわけではないから，自己契約にはあたらない。しかし，代理人の選任を相手方に依頼すれば，相手方は，自分の息のかかった者を代理人に選任して，本人に不利な合意を行う可能性がある（実際本件もそういう事案であった）。したがって，本件においても，契約の相手方が他の一方の代理人として契約を締結するのと同じ危険性があるといえるのである。改正後の民法の下では，本件のAの行為は，108条2項により無権代理とされよう。

[*5] 108条2項は平成29年（2017年）改正で設けられたものであり，本判決の当時には，現在の1項しか存在しなかった。本判決が「民法第108条の趣旨に準拠して」というのはそのためである。

17 親権者による代理権の濫用

最高裁平成4年12月10日判決(民集46巻9号2727頁) ▶百選III-48

事案をみてみよう

未成年者Xは、父Aの死亡により、遺産分割協議に基づいて本件土地を取得した。Xの叔父C（Aの弟）は、Xの母Bの依頼を受けて、本件土地の登記手続を代行するほか、諸事にわたってB・X母子の面倒をみていた。その後、Cが代表者を務めるD社がY銀行から事業資金を借り入れるにつき（①）、Y銀行から担保として不動産を提供するように求められた。そこでCがこれをBに依頼したところ、Bは、Y銀行のD社に対する債権を担保するために、X所有の本件土地に抵当権を設定することを、Xの親権者として承諾し、登記が行われた（②）。成年に達したXは、Y銀行に対して、

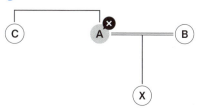

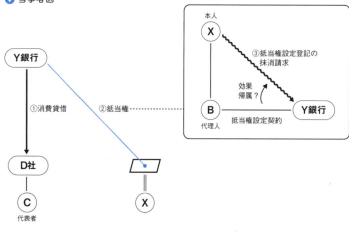

Bによる抵当権設定行為は法定代理権の濫用であり、抵当権設定契約は無効であるとして、抵当権設定登記の抹消登記手続を求めて訴えを提起した（③）。

第1審はXの請求を棄却したが、控訴審は、Bによる抵当権設定行為は、もっぱら第三者であるCの利益を図るものであって親権の濫用にあたり、Y銀行は契約締結に際して濫用の事実を知っていたから、改正前93条ただし書（93条1項ただし書）の類推適用により、Xには抵当権設定契約の効果は及ばないとして、Xの請求を認容した。そこでYが上告した。

*1 | 抵当権
［判例13］*3参照。

*2 | 類推適用
［判例05］*6参照。

✓ 読み解きポイント

BはXの親権者であるから、X所有の本件土地について法律行為をする代理権を有している。ただ、本件でBが行った抵当権設定契約は、Cのためになるもので

はあっても，Xのためになるものではない。このように，親権者Bが，代理権の範囲内の行為を，本人Xの利益ではなく，自己または第三者の利益を図るために行った場合，それは代理権の濫用とはいえないだろうか。代理権の濫用とされるとすれば，それはどのような場合だろうか。その判断にあたって，親権者の代理権の範囲が広範であることを考慮すべきだろうか。

📖 判決文を読んでみよう

「親権者が……権限を濫用して法律行為をした場合において，その行為の相手方が右濫用の事実を知り又は知り得べかりしときは，民法93条ただし書〔改正後93条1項ただし書〕の規定を類推適用して，その行為の効果は子には及ばないと解するのが相当である」。「しかし，親権者が子を代理してする法律行為は，親権者と子との利益相反行為に当たらない限り，それをするか否かは子のために親権を行使する親権者が子をめぐる諸般の事情を考慮してする広範な裁量にゆだねられているものとみるべきである。そして，親権者が子を代理して子の所有する不動産を第三者の債務の担保に供する行為は，利益相反行為に当たらないものであるから，<u>それが子の利益を無視して自己又は第三者の利益を図ることのみを目的としてされるなど，親権者に子を代理する権限を授与した法の趣旨に著しく反すると認められる特段の事情が存しない限り，親権者による代理権の濫用に当たると解することはできないものというべきである</u>。したがって，親権者が子を代理して子の所有する不動産を第三者の債務の担保に供する行為について，それが子自身に経済的利益をもたらすものでないことから直ちに第三者の利益のみを図るものとして親権者による代理権の濫用に当たると解するのは相当でない。」

> 🔽 **この判決が示したこと** 🔽
>
> 本判決は，親権者が子を代理して子の所有する不動産を第三者の債務の担保に供する行為が代理権の濫用とされるには，それが子の利益を無視して自己または第三者の利益を図ることのみを目的としてされるなど，親権者に子を代理する権限を授与した法の趣旨に著しく反すると認められる特段の事情が必要であるとした。そして，この特段の事情の有無を審査するために，控訴審判決を破棄し，事案を差し戻した。

解説

I. 代理権の濫用とは

代理権の濫用とは，客観的には代理権の範囲内にある行為を，本人の利益のためではなく，自己または第三者の利益を図るために悪用する行為をいう。107条によれば，代理人が自己または第三者の利益を図る目的で代理権の範囲内の行為をした場合において，相手方がその目的を知り，または知ることができたときは，その行為は無権代理行為とみなされる。本条は平成29年（2017年）改正によって設けられたものだが，

それ以前は，判決文にもあるように，93条1項ただし書（改正前93条ただし書）の類推適用によって，代理権の濫用について相手方に悪意または過失のあることを本人が証明したときには，代理人の行為は本人に及ばないものと解するのが判例・通説であった。

II．法定代理における代理権の濫用

では，親権者のような法定代理の場合には，代理権の濫用をどのように判断したらよいだろうか。法定代理の場合には，利益相反行為（826条・860条）*3 にあたらない限り，代理人の裁量が広範に認められ，包括的な代理権が与えられているが（824条・859条），この場合にも，代理権の範囲内にある行為を，本人の利益のためではなく，自己または第三者の利益を図るために悪用した場合には，代理権が濫用されたものと考えてよいだろうか。

これについて，本判決は，子の利益を無視して自己または第三者の利益を図ることのみを目的としてされるなど，親権者に子を代理する権限を授与した法の趣旨に著しく反すると認められる特段の事情が存在しない限り，親権者による代理権の濫用にはあたらないとする。代理人が自己または第三者の利益を図るために行為をしただけでは足りないとして，代理権の濫用が認められる場合がかなり限定されている。このような限定が加えられるのは，親権者の裁量を広く認めることが，むしろ子の保護に役立つと考えられるためである。また，親権者の立場からすると，利益相反行為でないために，裁判所に特別代理人を選任してもらって行うという方法がとれない行為について*4，それを行うと代理権濫用として無権代理となってしまうのは——それが本人にとって有益であると親権者が判断した場合でも，有効に行う方法がないことになり——不当であることから，代理権濫用とされる行為は広くすべきではないともいえる。

特段の事情があると認められるのがどのような場合かは必ずしも明らかでないが，Y銀行からの融資金が事業資金であり，Xの生活費には全く使われない本件でも，それだけではまだ代理権濫用にはあたらないというのだから，特段の事情が肯定される場合はきわめて少ないように思われる。本件では，諸事にわたってB・X母子の面倒をみていたCが代表者を務めるD社への融資ということから，少なくとも間接的にはXの利益になる点を重視して，特段の事情はないとする考え方も可能だろうが，逆に，そうしたCの強い頼みをBが断ることは事実上困難であって，損失の危険を承知の上でその要請に応じざるを得なかったとみることもでき，そうしたことから特段の事情ありとする考え方もありうるのではないだろうか。

*3｜利益相反行為
826条によれば，親権者である父または母と子の利益が相反する場合，または，親権に服する複数の子の間で利益が相反する場合には，親権者は自ら代理行為を行うことができず，家庭裁判所に特別代理人を選任してもらわなければならない（同条は，860条により，後見人と被後見人の間に利益相反がある場合に準用されている）。利益相反行為の典型例は，親権者が，子を代理して，子の財産を自分に譲渡させる行為である。［判例16］の解説も参照。

*4｜
利益相反行為については，親権者は，裁判所に特別代理人を選任してもらい，特別代理人にその行為を行ってもらわなければならない（826条）。

18 本人名義の使用許諾と109条1項の表見代理

東京地裁厚生部事件

最高裁昭和35年10月21日判決（民集14巻12号2661頁） ▶百選Ⅰ-28

事案をみてみよう

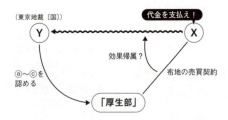

東京地方裁判所厚生部（以下「厚生部」という）は、第二次世界大戦中から東京地方裁判所（以下「東京地裁」という）の職員の福利厚生を図るために、生活物資の購入や配給の活動を行っていた組織であるが、裁判所の正規の部局ではない。戦後、東京地裁の中に正規の部局として総務課厚生係が置かれたが、東京地裁は、ⓐ厚生部が「東京地方裁判所厚生部」という名称を用いて取引を継続すること、ⓑ厚生部の事業を担当していた職員を総務課厚生係に配属した上で、従来どおり、その職員が厚生部の担当者としてその事務を継続処理すること、ⓒ総務課厚生係の一室で厚生部がその事務を行うことをそれぞれ認めていた。他方で、厚生部は、外部の者と取引をする際には、発注書や支払証明書といった官庁の取引に類似した様式を用い、それらの書類には、東京地裁に無断で、庁用の裁判用紙を使用したり、東京地裁の庁印を使用したりするなどしていた。

Xは布地を約375万円（現在の価値で約2620万円）で厚生部に売却し（以下「本件取引」という）、これを納品したが、厚生部は代金を支払わなかった。そこで、Xは、東京地裁は厚生部のする取引について責任を負うべき旨を外部に表示しており、Xはこの表示を信頼して本件取引を行っているから、東京地裁が本件取引の責任を負うべきであると主張して、Y（東京地裁の属する国）に対し、代金の支払を請求した。控訴審は、厚生部を東京地裁の一部局と誤認したのはXの不注意によるものであり、上記ⓐ～ⓒがあるからといって東京地裁が厚生部をその一部局と誤信させるような表示をしたとはいえないとして、Xの請求を退けた。

✓ 読み解きポイント

厚生部は東京地裁とは何の関係もない別個の組織であるから、売買契約の買主として代金支払義務を負うのは、あくまでも売買契約を結んだ厚生部であり、東京地裁がこの売買契約について責任を負うことはないはずである。しかし、東京地裁が、厚生部に対し、「東京地方裁判所厚生部」という表示を取引で使用してよいと認めていた場合は、話が変わってくる。その表示を見て厚生部を東京地裁の一部局と信じて売買契約を結んだXを保護するために、東京地裁に売買契約の効果を帰属させ、代金支払義務を負わせてもよさそうだからである。

このように、本人が本人名義の使用を他人に許していた場合に、その他人が本

人名義を使用して相手方と取引をしたときには、本人は、どのような法律上の根拠に基づいて、その取引について責任を負うことになるだろうか。

📖 判決文を読んでみよう

「一般に、他人に自己の名称、商号等の使用を許し、もしくはその者が自己のために取引する権限ある旨を表示し、もってその他人のする取引が自己の取引なるかの如く見える外形を作り出した者は、この外形を信頼して取引した第三者に対し、自ら責に任ずべきであって、このことは、民法109条〔現109条1項〕、商法23条〔現14条〕等の法理に照らし、これを是認することができる。」

ⓐ～ⓒの事情によれば、「東京地方裁判所当局が、『厚生部』の事業の継続処理を認めた以上、これにより、東京地方裁判所は、『厚生部』のする取引が自己の取引なるかの如く見える外形を作り出したものと認めるべきであり、若し、『厚生部』の取引の相手方であるXが善意無過失でその外形に信頼したものとすれば、同裁判所はXに対し本件取引につき自ら責に任ずべきものと解するのが相当である」。

> ⬇ この判決が示したこと ⬇
>
> 本判決は、本人が他人に代理権を与えた旨を表示したのではなく、本人が本人名義の使用を他人に許していた場合にも、109条の趣旨を及ぼし、その他人のした法律行為について本人が責任を負う可能性があることを認めた。そして、控訴審の判断を破棄して差し戻した。

解説

Ⅰ. 名板貸人の責任

たとえば、商人Aが、Aの氏名などの商号を使って営業や事業を行うことをBに許していたところ、Cが、Aがその営業を行うものと信じてBと取引をしたとする。この場合には、Aは、自己の商号の使用をBに認めたことによって、BがA自身あるいはAの代理人であるかのような外観を作り出しており、この外観をCが信頼している。そこで、Cの信頼を保護するために、Aは、Cに対し、その取引によって生じた債務をBと連帯して弁済する責任を負うとされている。Aのこのような責任は、名板貸人の責任と呼ばれる。

もっとも、東京地裁は商人、会社、一般社団・財団法人のいずれにもあてはまらないので、以上の規定を本件に適用することはできない。それでは、どのような法律上の根拠に基づいて、東京地裁が名板貸人の責任と同様の責任を負うだろうか。

Ⅱ. 無権代理と表見代理

代理人が、代理権を与えられていないにもかかわらず代理行為（契約の締結など）を

*1 | 商人がその営業上の活動において自己を表示する名称のこと。Aの氏、Aの氏名などである（商11条1項参照）。

*2 | 「連帯して」とは、AとBそれぞれがCに対して債務全額を弁済する責任を負い、Cは、AとBそれぞれに対し、あるいは、AとBの両方に対し、債務全額の支払を請求することができることを意味する（436条）。

*3 | 商14条。会社法9条や一般社団法人及び一般財団法人に関する法律8条にも同様の規定がある。

行っても，その代理行為の効果は本人に帰属しない（113条1項）。これを無権代理という。本件の厚生部は，東京地裁から売買契約の代理権など与えられていないから，売買契約について東京地裁が責任を負うことはない。

しかし，民法は，無権代理であっても，一定の要件を満たした場合には相手方を保護するために，代理権がある場合と同様の責任を本人に課している。これを表見代理という。表見代理は109条・110条・112条にそれぞれ定められており，本件には109条の表見代理が関係している。

Ⅲ．109条1項の表見代理の趣旨とその適用

109条1項は，代理人と名乗る者が代理権を有していない場合でも，本人がその者に代理権を与えた旨の表示（代理権授与表示）を相手方に対してしていたときは，表示された代理権の範囲内で，本人はその者のした法律行為につき責任を負うとしている。本人は，代理権を与えたと相手方に表示した以上，実際は代理権を与えていなくても，その表示に対応する責任——代理権を与えたときと同じ責任——を引き受けるべきだ，という趣旨である。

もっとも，本件は109条1項の適用範囲から外れている。代理権授与表示とは，《代理権を与えた》旨を表示することである。たとえば，東京地裁が，「布地の購入に関する代理権を厚生部に与えた」とXに伝えていたのであれば，代理権授与表示にあたる。ところが，本件では，「東京地方裁判所厚生部」という名称の使用を厚生部に許したのであり，《厚生部に代理権を与えた》旨をXに表示したわけではない。

ここで109条1項の趣旨に立ち戻ると，109条1項が本人に責任を負わせると定めているのは，自称代理人のした法律行為の効果を自分が引き受けると理解されるような表示をして，その外観を作り出したからである。そうであれば，本人が，代理権授与表示には該当しなくても，《他人のした法律行為の効果を自分が引き受ける》と理解されるような表示をした場合にも，109条1項の趣旨を及ぼしてよい。その典型例が，本人の名義の使用を他人に許していた場合である。つまり，本人がこれを許したということは，その他人が本人名義で法律行為をした場合にはその効果を引き受けるかのような外観を作り出したということができる。そこで，本人は，この外観を信頼した相手方との関係で，法律行為についての責任を負うべきだというわけである（109条1項にはもともと，名板貸人の責任〔上記Ⅰ〕と同様の趣旨が含まれているのである）。本判決は，このような考え方を示したものである。

以上をふまえると，本判決は，東京地裁がその一部局と誤認されるような厚生部という名称の使用を許していたことを，109条1項の代理権授与表示がなされた場合と同じように取り扱っているといえるだろう。[*4]

ただし，本件では，〔事案をみてみよう〕ⓐ～ⓒにあるように，厚生部という名称の使用を東京地裁が認めていた，つまり，他人（厚生部）が本人名義を使用することに本人（東京地裁）が積極的に関与していた。これに対して，黙認や放置していただけなど，本人（東京地裁）が積極的に関与していない場合も本判決と同様の結論になるかは，黙認・放置していた期間などを考慮しつつ慎重に考える必要があるだろう。

[*4] もっとも，本判決が述べるように，Yの責任が認められるためには，さらに，厚生部のした取引が東京地裁の取引のようにみえる外形をXが善意・無過失で信頼したことも必要である（109条1項ただし書）。

19 白紙委任状と代理権授与表示

最高裁昭和39年5月23日判決（民集18巻4号621頁） ▶百選Ⅰ-27

事案をみてみよう

　Xは，Aから金銭を借り受けるにあたり，その担保として本件不動産に抵当権を設定することにし，そのための登記手続を依頼する目的で，登記手続に必要な書類や白紙委任状（受任者の欄が空白であった）などをAに交付した（①）。ところが，Aは，本件不動産を利用して他から金銭を得ようと企て，上記の書類や白紙委任状などをBに交付した（②）。Bは，Yから金銭を借りる際に，この白紙委任状の受任者の欄にBの氏名を記入し，これをYに示してXの代理人であると偽って，Yとの間で，本件不動産につきYを抵当権者とする抵当権設定契約を締結し，その旨の登記がなされた（③）。

　Xは，Bの抵当権設定契約は無権代理であり，その効果は自分に帰属しないと主張して，Yに対し，本件不動産の抵当権設定登記の抹消登記手続を請求した（④）。これに対して，Yは，改正前109条（109条1項）の表見代理が成立するから，抵当権設定契約の効果はXに帰属すると反論した。控訴審は，Yの反論を否定し，Xの請求を認めた。

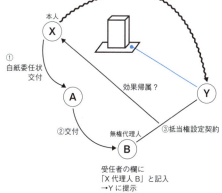

✓ 読み解きポイント

　BはXから何らの代理権も与えられていないから，Xの代理人としてYと抵当権設定契約を結んだ行為は無権代理であり，その効果はXに帰属しない。

　ところが，抵当権設定契約の際に，Bは，Xが交付した白紙委任状を使い，その受任者の欄にBの氏名を勝手に記入してYに示し，Xの代理人として契約を結んでいる。Yは，この白紙委任状の提示によって「Xが《Bに代理権を与えた》旨をYに表示した」（つまり代理権授与表示があった）とみることができ，かつ，Bに代理権があるとYが信じたことに過失もないことから，Xが改正前109条（109条1項）の表見代理の責任を負うと主張したわけである（109条1項の趣旨については［判例18］参照）。

　しかし，Xにとっては，予想もしていないBの手で白紙委任状が濫用された場合にまで表見代理の責任を負わされるのでは，責任が重くなりすぎるようにも思える。本判決はどのように判断しただろうか。

*1｜抵当権
［判例13］*3参照。

*2｜
本人が代理人に代理権を与えたときには，そのことを契約の相手方などに証明するために，本人が委任状と呼ばれる書面を作成して代理人に交付するのが通常である。委任状には，本人の氏名，受任者（代理人）の氏名，取引の相手方の氏名，委任事項（代理権を与えた事項）などが記載される。委任状のうち，記載されるべき項目の一部または全部が空白になっているものを，白紙委任状と呼ぶ。

071

📖 判決文を読んでみよう

「不動産所有者がその所有不動産の所有権移転，抵当権設定等の登記手続に必要な権利証，白紙委任状，印鑑証明書[*4]を特定人に交付した場合においても，右の者が右書類を利用し，自ら不動産所有者の代理人として任意の第三者とその不動産処分に関する契約を締結したときと異り，本件の場合のように，<u>右登記書類の交付を受けた者がさらにこれを第三者に交付し，その第三者において右登記書類を利用し，不動産所有者の代理人として他の第三者と不動産処分に関する契約を締結したときに，必ずしも民法109条の所論要件事実が具備するとはいえない</u>。けだし，不動産登記手続に要する前記の書類は，これを交付した者よりさらに第三者に交付され，転々(てんてん)流通することを常態とするものではないから，不動産所有者は，前記の書類を直接交付を受けた者において濫用した場合や，とくに前記の書類を何人において行使しても差(さ)し支(つか)えない趣旨で交付した場合は格別，右書類中の委任状の受任者名義が白地であるからといって当然にその者よりさらに交付を受けた第三者がこれを濫用した場合にまで民法109条〔改正後109条1項〕に該当するものとして，濫用者による契約の効果を甘受しなければならないものではないからである。」

*3｜ このように，白紙委任状を受け取った者が，交付者の意思を無視して空白の欄を埋めた上で，自分が代理人であると偽るために，これを代理行為の相手方に提示する場合など，白紙委任状を受け取った者が交付者の意思とは異なる形でこれを用いることを，白紙委任状の濫用と呼ぶ。

*4｜ 印鑑証明書については，〔判例13〕*1，権利証については，同*2を参照。

⬇ この判決が示したこと ⬇

本判決は，白紙委任状の転得者（本人による交付を受けた者からさらに交付された者。本件ではB）が受任者（代理人）の欄に自分の名前を記入してこれを相手方に示しても，代理権授与表示にはあたらず，109条1項の表見代理は成立しないとした。

☝ 解説

Ⅰ．問題の所在

本件では，本人（X）が受任者の欄を空白にした白紙委任状を交付したところ，その白紙委任状を受け取った者（B）が，Xから代理権を与えられていないにもかかわらず，受任者（代理人）の欄に自分の名前を記入して相手方（Y）に示している。このような白紙委任状の提示が，109条1項の代理権授与表示（「第三者に対して他人に代理権を与えた旨を表示した」）にあたるかが問題となっている。

Ⅱ．本判決の考え方

本判決は，次の2つのステップでこの問題を検討している。

1 ▸▸ 第1ステップ——白紙委任状を交付した趣旨

仮にXが，白紙委任状を適法に受け取った者であれば誰でも自分の代理人として代理行為を行ってよいという趣旨で交付していたのであれば（輾転予定型と呼ばれる）[*5]，これを受け取った者がその代理行為をしても，それは代理権に基づく代理行為（すなわち有権代理）であり，その効果はXに帰属する。したがって，109条1項の表見代

*5｜ 本判決の「書類を何人において行使しても差し支えない趣旨で交付した場合」が，これに該当する。

理の成立を検討する必要はない。

　もっとも，通常は，白紙委任状はある特定の人に自分の代理人として法律行為をしてもらうために交付されるものであり，白紙委任状がさらに別人の手にわたることなどは想定されていない（非輾転予定型と呼ばれる）。Xが交付した白紙委任状も，「これを交付した者よりさらに第三者に交付され，転輾流通することを常態とするものではない」とされている。

2 ▶▶ 第 2 ステップ——非輾転予定型の白紙委任状が濫用された場合

　非輾転予定型の白紙委任状が濫用された場合，それは無権代理であり，相手方が保護されるかどうかは，表見代理の成立が認められるかどうかによる。そしてこの場合について，本判決は，白紙委任状の交付を受けた者自身が濫用した場合（直接型）と，本件のように白紙委任状の転得者が濫用した場合（間接型）とに分けている。

　直接型では，白紙委任状の交付を受けた者自身が無権代理行為をすることは本人の予想の範囲内であるから，本人の責任が重くなりすぎることを特に心配する必要はない。そこで，代理権授与表示の定義（[判例 **18**] 参照）に照らして，白紙委任状の提示が代理権授与表示にあたるかを検討すればよい（本判決は直接型の取扱いについて特に述べていないが，このような解釈を前提にしているとみられる）。

　これに対して，間接型の場合には，白紙委任状が転得者の手にわたり転得者がこれを濫用することは本人にとって予想外の事態といえるから，本人の責任が重くなりすぎないように配慮する必要がある。そこで，ⓘ本件のように，白紙委任状の転得者Bが受任者の欄を濫用した（勝手にBの氏名を記入した）だけでなく，委任事項の欄も濫用した（勝手に抵当権設定契約と記入した）場合には，本人が責任を負うと予想していた範囲を大きく超えることから，このような白紙委任状の提示は代理権授与表示にあたらず，109 条 1 項の表見代理を否定すべきである。本判決もこのように判断して，抵当権設定契約の効果はXに帰属しないとした。ⓘⓘ他方で，白紙委任状の転得者が受任者の欄を濫用したが，委任事項の欄は濫用していない場合には，本人にとって，受任者（代理人）は予想外の人物だとしても，委任事項については責任を負うと予想していたはずである。そこで，このような白紙委任状の提示は代理権授与表示とみて，あとは相手方が善意・無過失であれば 109 条 1 項の表見代理が成立するとしてよいだろう。

　このようにして，判例は，代理権授与表示の要件を判断する際に，相手方の保護と本人の予想外の責任とのバランスを図っているといえる。

Ⅲ. 白紙委任状という"危険なモノ"を交付した本人の帰責性

　学説では，本判決の解釈（Ⅱ2の間接型のⓘ）を批判する見解が有力である。Xは，受任者の欄が空白の白紙委任状を交付すれば，それがBのような悪者の手にわたって濫用される可能性があることはわかったはずである。Xはこのような"危険なモノ"を自らの意思で交付した以上，それにともなう責任を負うべきである。そこで，Bが白紙委任状を提示したことをXの代理権授与表示と評価し，109 条 1 項の表見代理が成立する可能性を認めるべきだとされる。

*6｜
本件の事案を変えて，たとえば，Xから白紙委任状の交付を受けたAが，登記手続の代理を依頼されたにもかかわらず，空白となっていた委任事項の欄に「抵当権設定契約」と記載した上でこれをYに示し，Yとの間で抵当権設定契約を結んでいたとすれば，このような白紙委任状の提示は代理権授与表示にあたる。

*7｜
XはAに対して《抵当権設定の登記手続》を依頼していたにもかかわらず，BはYと《抵当権設定契約》を結んでいるから，白紙委任状の委任事項の欄も濫用されていたと考えられる。

*8｜
最判昭和 42・11・10 民集 21 巻 9 号 2417 頁等。

*9｜
もっとも，この学説も，109 条 1 項ただし書の相手方の悪意・有過失を判断する際に，本人が自分の予想した範囲をどのくらい超えて責任を負わされるかなどの事情も考慮に入れることによって，本人の責任が重くなりすぎないように配慮している。

20 110条の基本「権限」

最高裁昭和35年2月19日判決（民集14巻2号250頁） ▶百選Ⅰ-29

事案をみてみよう

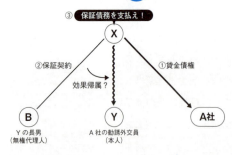

　A社は，勧誘外交員を使用して一般人を勧誘し，銀行等の預金よりも高い利回りで借入れをし，借り入れた資金を使って高利貸しをする業を営んでいた。YはA社の勧誘外交員となったが，健康上の問題から勧誘行為を自分ですることができず，長男Bにこれを行わせてきた。Xは，Bの勧誘によりA社に計30万円（現在の価値で約186万円）を貸し付けたが（①），その際，A社の貸金返還債務についてYが連帯保証する旨の契約も締結した。しかし，この連帯保証契約は，BがYに無断でXと締結したものであった（②）。Xは，A社に対する貸金債権を回収するために，110条の表見代理が成立することなどを理由に，Yに保証債務の履行を求めた（③）。

*1 | 連帯保証

保証人とは，債権者（本件ではX）が主たる債務者（本件ではA社）に対して有する債権を担保するために，立てられるものである。保証人は，主たる債務者が債務を履行できない場合に，その債務を履行する責任を負う（446条1項）。通常の保証人は，債権者に対して，まず主たる債務者に催告すべきこと（催告の抗弁権。452条），および，主たる債務者に弁済の資力があり，執行が容易であることを証明して，まず主たる債務者の財産について強制執行をすべきこと（検索の抗弁権。453条）を主張することができる。連帯保証人はこれらの抗弁権をもたないため（454条），債権者は，主たる債務者への催告や強制執行をすることなしに，連帯保証人に対して債務の履行を請求することができる。

✓ 読み解きポイント

　無権代理人の行った法律行為について，原則，本人は責任を負わない。この原則によれば，BがY（本人）に無断で締結した連帯保証契約は無権代理行為に基づくので，Y（本人）は連帯保証債務を履行する責任を負わない。しかし，無権代理行為の中にも，（実際は存在しない）代理権があると信じた契約相手方の保護が必要と考えられる場合もある。そのために，表見代理というルールが設けられており，表見代理が成立する場合には，例外的に，本人は無権代理行為の責任を負う。本件に即して言えば，Bの無権代理行為による責任をY（本人）が負う。このような表見代理の規定のひとつとして，110条がある。この110条は，代理人がその権限外の行為をした場合，代理権があると信じるべき正当な理由が相手方にあるときに，本人が責任を負う，と定めており，代理人が一定の「権限」を有している場合に適用される。では，ここでいう代理人の「権限」とは，いったいどのような権限を指すのか。Bが有していた権限は110条にいう「代理人の権限」にあたるのか。これらの点が本件の争点である。

📖 判決文を読んでみよう

　「本件において，民法110条を適用し，Yの保証契約上の責任を肯定するためには，先ず，Yの長男BがYを代理して少くともなんらかの法律行為をなす権限を有していたことを判示しなければならない。しかるに，原審がるる認定した事実のうち，B

の代理権に関する部分は，Ｙは，勧誘外交員を使用して一般人を勧誘し金員の借入をしていたＡ社の勧誘員となったが，その勧誘行為は健康上自らこれをなさず，事実上長男Ｂをして一切これに当らせて来たという点だけであるにかかわらず，原審は，Ｂの借入金勧誘行為はＢがＹから与えられた代理権限に基きこれをなしたものであることは明らかである旨判示しているのである。しかしながら，勧誘それ自体は，……事実行為であって法律行為ではないのであるから，他に特段の事由の認められないかぎり，右事実をもって直ちにＢがＹを代理する権限を有していたものということはできない」。

藤田八郎裁判官の少数意見[*2]

「〔本件の〕借入金勧誘行為それ自体は事実上の行為であって法律行為ということのできないことは多数意見の説示するとおりであり，……Ｂが父たるＹから任されていたＹの勧誘員としての一切の業務という中に法律行為たる行為が包含されていたかどうかについては原判決の確定しないところであるけれども，……原判決の認定した限度においても，自分は，民法110条表見代理の基礎たる代理行為たるに十分であると信ずる。けだし，同条表見代理の基礎たる代理行為は必ずしも厳格な意味における法律行為に限定する要はないと信ずるからである」。

> **↓ この判決が示したこと ↓**
>
> 110条を適用して無権代理行為の効果を本人に帰属させるには，行為者が本人を代理して法律行為をする権限を有していなければならず，事実行為をする権限では足りない，として，Ｂに後者の権限しかないのであれば，110条の適用は認められないと判断した。

解説

Ⅰ．110条の「権限」の解釈

表見代理は，（実際は存在しない）代理権があると信じる相手方を保護するルールであるが，それにより無権代理人の行為の責任を負わされるという本人の不利益を正当化するために，何らかの形で本人の帰責性が認められることが必要とされる。そして，110条の場合は，無権代理行為を行った者が本人と全く無関係の者ではなく，本人のための行為をする権限を有していることが，本人の帰責性を基礎づける。この110条の「権限」について，本判決は，原則，法律行為，すなわち，契約のように，意思表示の内容どおりの法的効果が発生する行為をなす権限でなければならないと判断した。110条を適用することにより生じる本人の不利益を正当化するには，本人が無権代理行為を行った者に法律行為をなす権限を与えた場合でなければ十分ではないと考えたわけである。この考え方は，伝統的な通説の立場とも一致する。

他方，藤田裁判官の少数意見は，事実行為，すなわち，法律行為ではない（事実上の効果が発生するにすぎない）行為をする権限だとしても，110条の「権限」にあたりうると解している。近時の学説でもこの結論をとる見解が有力である。法律行為にも

---

*2｜少数意見

最高裁判所は，複数の裁判官の合議体から成り（裁判所法9条），裁判において各裁判官は意見を表示しなければならない（同法11条）。その結果，合議体を構成する各裁判官の意見が分かれる場合があるが，そこで多数意見とはならなかった意見を少数意見という。

些細な行為もある一方（たとえば，鉛筆1本の購入），事実行為にも重要な行為があることから，法律行為をする権限を与えた場合と事実行為をする権限を与えた場合とで，前者のほうが必ずしも「本人の帰責性」が大きいとはいえず，後者の場合でも対外的に（本人にとって）重要な行為をする権限を与えた場合には110条の「権限」の要件を満たすと解してよい，等と説明されている。*3

II．Bの権限の評価

　本判決は，控訴審が認定した事実を前提とする限りは，110条の適用に必要な，Yを代理して法律行為を行う権限が，Bには認められないと判断した。したがって，控訴審が認定した事実のみを前提とするなら，110条の適用を求めたXの主張は認められないことになり，Yは保証債務を履行する責任を負わないことになる。本判決は，その理由として，BはYからYに代わって勧誘をするようゆだねられているが，勧誘をすること自体は，法律行為ではなく事実行為であることを挙げている。*4 それに対して，110条の「権限」は，事実行為をする権限でもよいとする見解からは，本件でも110条を適用する余地がある（少数意見は，Bがもつ勧誘をする権限は，法律行為を行う権限ではないが，110条の「権限」と認めるのに十分である，とした）。この見解によれば，A社のために勧誘をすることが，（A社ではなく，本人である）Yにとって「重要な行為」と評価できるかによって，Bの権限が110条の「権限」の要件に該当するかどうかが決まる。この要件に該当し，さらにXに，Bが「権限」を有すると信じたことにつき「正当な理由」（[判例21] 参照）があると認められるならば，110条の表見代理が成立する。

*3 | 関連判例
最判昭和46・6・3民集25巻4号455頁は，登記申請行為という，国の機関である登記所に対する公法上の行為であり，法律行為とはいえない行為をする権限がゆだねられた場合でも，「特定の私法上の取引行為の一環としてなされ」た場合には，その権限を基本代理権として110条を適用できる，と判断した。この判断からは，判例も，110条の「権限」を厳密に法律行為に限定していないこと，その一方で，どのような事実行為でもよいとはしていないことがわかる。

*4 |
なお，もしA社が自らを代理して契約を締結する権限をYに与えており，その権限をYがBに与えていたという事情が認められるとしても，それは，法律行為は法律行為でも，A社を代理して法律行為を行う権限であって，Yを代理して法律行為を行う権限ではない。本件では，Y（本人）からBに代理権が与えられていたかどうかが問題になるのであるから，やはり110条の適用はできないことになろう。

原田昌和・秋山靖浩・山口敬介 著
『民法①総則 判例30！』(13782-0) 補遺

2019年4月
追記 2019年9月

　本書第1刷刊行後，『民法判例百選Ⅰ〔第8版〕・Ⅱ〔第8版〕・Ⅲ〔第2版〕』(有斐閣)が刊行されました。これに対応し，この補遺では，本書に収載・引用する判例に付記した『百選』の項目番号の変更をまとめました。「旧」は本書第1刷に記載の『民法判例百選Ⅰ〔第7版〕・Ⅱ〔第7版〕・Ⅲ』の項目番号を，「新」は上記改訂後の『百選』の項目番号を示しています(「-」は収載がないことを表します)。

本書の頁	本書の項目番号	判例	旧	新
3頁		最判昭和46・12・16 民集25巻9号1472頁	[債権総論・判例10]，百選Ⅱ-11	[債権総論・判例10]，百選Ⅱ-55
4頁	[判例01]	大判昭和10・10・5 民集14巻1965頁	百選Ⅰ-1	変更なし
17頁	[判例04]	最判平成8・3・19 民集50巻3号615頁	百選Ⅰ-7	変更なし
20頁	[判例05]	最判昭和60・11・29 民集39巻7号1760頁	百選Ⅰ-31	変更なし
23頁	[判例06]	最判昭和39・10・15 民集18巻8号1671頁	百選Ⅰ-8	変更なし
25頁		最判昭和48・10・9 民集27巻9号1129頁	百選Ⅰ-9	変更なし
30頁	[判例07]	最判昭和61・11・20 民集40巻7号1167頁	百選Ⅰ-12	変更なし
34頁		大判昭和9・5・1 民集13巻875頁	百選Ⅰ-15	変更なし
36頁	[判例09]	最判昭和56・3・24 民集35巻2号300頁	百選Ⅰ-14	変更なし
39頁	[判例10]	最判昭和35・3・18 民集14巻4号483頁	百選Ⅰ-16	変更なし
42頁	[判例11]	大判大正10・6・2 民録27輯1038頁	百選Ⅰ-19	変更なし
47頁	[判例12]	最判平成元・9・14 判時1336号93頁	百選Ⅰ-24	-

49 頁		最判平成 28・1・12 民集 70 巻 1 号 1 頁	—	百選Ⅰ-24	
50 頁	[判例 13]	最判昭和 45・9・22 民集 24 巻 10 号 1424 頁	百選Ⅰ-21	変更なし	
53 頁	[判例 14]	最判平成 18・2・23 民集 60 巻 2 号 546 頁	百選Ⅰ-22	変更なし	
65 頁	[判例 17]	最判平成 4・12・10 民集 46 巻 9 号 2727 頁	百選Ⅲ-48	百選Ⅲ-49	
68 頁	[判例 18]	最判昭和 35・10・21 民集 14 巻 12 号 2661 頁	百選Ⅰ-28	変更なし	
71 頁	[判例 19]	最判昭和 39・5・23 民集 18 巻 4 号 621 頁	百選Ⅰ-27	変更なし	
74 頁	[判例 20]	最判昭和 35・2・19 民集 14 巻 2 号 250 頁	百選Ⅰ-29	変更なし	
77 頁	[判例 21]	最判昭和 51・6・25 民集 30 巻 6 号 665 頁	百選Ⅰ-30	変更なし	
80 頁	[判例 22]	最判昭和 44・12・18 民集 23 巻 12 号 2476 頁	百選Ⅲ-8	百選Ⅲ-9	
83 頁	[判例 23]	最判昭和 62・7・7 民集 41 巻 5 号 1133 頁	百選Ⅰ-34	変更なし	
86 頁	[判例 24]	最判平成 5・1・21 民集 47 巻 1 号 265 頁	百選Ⅰ-36	変更なし	
89 頁	[判例 25]	最判昭和 37・4・20 民集 16 巻 4 号 955 頁	百選Ⅰ-35	変更なし	
96 頁	[判例 26]	最判昭和 42・7・21 民集 21 巻 6 号 1643 頁	百選Ⅰ-44	百選Ⅰ-45	
99 頁	[判例 27]	最判平成 6・2・22 民集 48 巻 2 号 441 頁	百選Ⅰ-43	百選Ⅰ-44	
99 頁		最判昭和 50・2・25 民集 29 巻 2 号 143 頁	百選Ⅱ-2	変更なし	
101 頁		最判平成 16・4・27 民集 58 巻 4 号 1032 頁	百選Ⅱ-104	百選Ⅱ-109	
102 頁	[判例 28]	最判昭和 61・3・17 民集 40 巻 2 号 420 頁	百選Ⅰ-40	百選Ⅰ-41	
105 頁	[判例 29]	最判平成 11・10・21 民集 53 巻 7 号 1190 頁	百選Ⅰ-41	百選Ⅰ-42	
108 頁	[判例 30]	最大判昭和 41・4・20 民集 20 巻 4 号 702 頁	百選Ⅰ-42	百選Ⅰ-43	

〔追記〕
　平成30年（2018年）法律第72号による民法の改正に対応する変更を以下のとおり示します（該当の条文は令和元年〔2019年〕7月1日に施行されています）。

32頁　下から8行目
旧：遺留分減殺制度（1028条以下）が用意され
新：遺留分侵害額請求権（1042条〔平成30年（2018年）改正前1028条〕以下）が用意され

32頁　＊6
新：民法では，兄弟姉妹を除く法定相続人について，遺贈や贈与（原則として相続の1年前に行われたもの）によっても侵すことのできない最低限度の取り分が保障されており，これを遺留分という。遺留分侵害額請求権とは，この最低限度の取り分に満たない額しか得なかった（遺留分を侵害された）者が，その満たない額（遺留分の侵害額）の限度で，遺贈や贈与を受けた者に対して，金銭の支払を請求できる権利をいう（1042条以下）。［親族・相続・判例29］参照。

21 110条の「正当な理由」

最高裁昭和51年6月25日判決（民集30巻6号665頁）　　▶百選 I -30

事案をみてみよう

　電気器具を販売するX社は，モーターを継続的にA社に販売していたが（①），A社の経営に不安を感じるようになり，A社代表取締役Bに対し，X社に対するA社の取引上の債務についてBの父を保証人にするよう依頼した。これに対し，Bは，父ではなく妻の伯父であるYを保証人とする旨の提案をし，X社はこれを了承した。そこで，Bは，Yに無断で，連帯保証人欄にYの名を書き入れ，預かっていたYの実印により押印した連帯保証契約書を作成し，Yの印鑑証明書を添付してX社に差し入れた（②）（こうして締結された契約を「本件契約」という）。BがYの実印を有していたのは，A社が社員寮を借りるにあたってYが保証人となる契約の締結のために，YがBに預けていたからであった。Bは，この実印を使いYの印鑑証明書を取得していた。

　その後，A社は倒産した。X社は，A社に対する債権を回収するために，110条の表見代理規定が類推適用されることなどを理由に（適用ではなく類推適用である理由については解説Ⅰを参照），Yに保証債務の履行を求めた（③）。

*1 │ 連帯保証
〔判例20〕*1参照。

*2 │ 実印・
印鑑証明書
〔判例13〕*1参照。

*3 │ 類推適用
〔判例05〕*6参照。

✓ 読み解きポイント

　本件では，YはX社との保証契約を締結する権限をBに与えておらず，Bの行為は無権代理行為である。しかし，110条の表見代理が成立すれば，YはBが締結した保証契約に基づく責任を負う。この110条は，相手方に「代理人の権限があると信ずべき正当な理由」があることを要件としており，X社にこの「正当な理由」があるといえるかが本件の争点であった。本判決は，「正当な理由」の有無について，どのような判断を下しただろうか？

📖 判決文を読んでみよう

　「所論〔Yの上告理由〕は，本件について右の〔110条の〕正当理由の存在を肯認した原審の判断を争うので按ずるに，印鑑証明書が日常取引において実印による行為について行為者の意思確認の手段として重要な機能を果していることは否定することができず，X社としては，Yの保証意思の確認のため印鑑証明書を徴したのである以上は，特段の事情のない限り，前記のように〔契約の締結がY（本人）の意思に基づくもの

*4 | 根保証契約
保証の対象となる主たる債務がひとつではなく、継続的な関係から生じる不特定の債務を保証する契約。

であると〕信じたことにつき正当理由があるというべきである。

しかしながら、原審は、他方において、(1)Ｘ社がＢに対して本件根保証契約の締結を要求したのは、Ａ社との取引開始後日が浅いうえ、Ａ社が代金の決済条件に違約をしたため、取引の継続に不安を感ずるに至ったからであること、Ｘ社は、当初、Ｂに対し同人及び同人の実父（原判決挙示の証拠関係によれば、Ａ社の親会社であるＣ社の経営者でもあることが窺われる。）に連帯保証をするよう要求したのに、Ｂから『父親とは喧嘩をしていて保証人になってくれないが、自分の妻の父親が保証人になる。』との申し入れがあって、これを了承した（なお、ＹはＢの妻の父ではなく、妻の伯父にすぎない。）こと、Ｙの代理人として本件根保証契約締結の衝にあたったＢは右契約によって利益をうけることとなるＡ社の代表取締役であることなど、Ｘ社にとって本件根保証契約の締結におけるＢの行為等について疑問を抱いて然るべき事情を認定し、(2)また、原審認定の事実によると、本件根保証契約については、保証期間も保証限度額も定められておらず、連帯保証人の責任が比較的重いことが推認されるのであるから、Ｙみずからが本件約定書に記名押印をするのを現認したわけでもないＸ社としては、単にＢが持参したＹの印鑑証明書を徴しただけでは、本件約定書がＹみずからの意思に基づいて作成され、ひいて本件根保証契約の締結がＹの意思に基づくものであると信ずるには足りない特段の事情があるというべきであって、さらにＹ本人に直接照会するなど可能な手段によってその保証意思の存否を確認すべきであったのであり、かような手段を講ずることなく、たやすく前記のように信じたとしても、いまだ正当理由があるということはできないといわざるをえない。」

> ⇩ **この判決が示したこと** ⇩
>
> 本人の実印による押印と印鑑証明書がある場合、特段の事情がない限り、契約締結が本人の意思に基づくと信ずべき正当な理由があると判断した。
> しかし、本件では、契約に至る経緯、行為者の利害関係、契約内容を考慮すると、特段の事情が認められ、実印・印鑑証明書以外の手段で本人の意思確認をしていなかったＸ社には正当な理由があるとはいえない、と判断した。

解説

Ⅰ. 110条の類推適用

本件の争点である110条の「正当な理由」について論ずる前に、本件ではなぜ110条の「適用」ではなく「類推適用」が問題になったのかについて、述べておこう。

本件では、Ｂは、自らをＹの代理人と称したのではなく、Ｙ本人が自ら記名押印したかのようによそおって契約書を作成している。したがって、Ｘ社は「Ｙ本人が契約した（Ｂは契約書を持参したにすぎない）」と信じており、「ＢがＹの代理人として契約した」と信じたわけではない。そうすると、相手方（Ｘ社）が「（Ｂに）代理人の権限がある」と信じた場合とはいえず、110条は直接適用されない。しかし、この場合も、「契約が本人（Ｙ）の意思に基づく」と信じたという点では110条が直接適用さ

れる場合と同じであり，相手方保護の必要性も変わらない。そこで，本件では110条の「類推適用」が認められるかが問題となったのである。

II. 110条の「正当な理由」

1 ▶▶ 実印・印鑑証明書の交付による「正当な理由」の原則的肯定

本判決は，まず，X社がY（本人）の印鑑証明書の交付を受けた事実を重視して，特段の事情がない限り正当な理由があるといえる，と判断した。印鑑証明書，それによって証明される「Yの実印による押印」の事実を重視したものといえる。実印および印鑑証明書は，重要な取引において契約者が本人であることを証するために使われることが多く，また，それらが他人の手にわたらないように本人が厳重に管理することが通常である。したがって，本人の実印の押された契約書および印鑑証明書の交付を受けた場合，本人に契約締結意思があると信じることが自然である，との考えである。

2 ▶▶ 特段の事情

しかし，本判決は，本件では特段の事情が認められると判断した。その理由は，第1に，契約に至る経緯，第2に，Bが本件契約に対して有する利害関係，第3に，本件契約における保証人の責任の程度に求められている。

第1の点については，まず，A社と取引を継続することにX社が不安を感じたことが，X社の本件契約締結の要求のきっかけだった点が挙げられている。BがA社とX社との取引継続を図るために権限がないのに契約を締結する可能性を考慮して，X社は慎重にY（本人）の意思を確認すべきだったとの考えである。次に，Bが，X社が当初要請したBの父親は保証人になってくれないとして，代わりに妻の伯父であるYを保証人とする提案をした事実が挙げられている。父親であり，かつA社の親会社の経営者である者に比べると，A社やBとの利害関係がより少ないYに本当に保証人となる意思があるのか，X社は慎重に確認すべきだったとの考えである。

第2の点については，本件契約にあたって重要な役割を果たしたBがこの契約によって利益を得る立場にあった点が挙げられている。契約締結によって利益を受ける者は，権限があるとよそおってでも契約を締結する可能性があるので，X社は慎重にYの意思を確認すべきだったとの考えである。

第3の点については，本件契約は，保証期間や保証金額の上限の定めがなく，保証人の責任が重いことが挙げられている。このような責任の重い保証契約を締結する意思がYにあるかどうか，X社は慎重に確認すべきだったとの考えである。

これらの事情から，本件契約の締結にあたっては，X社は，Yに契約締結意思があるかどうかを，実印・印鑑証明書のみで判断するのでは足りず，より慎重に，本人に直接照会する等の手段によって確認すべきであったのであり，そのような確認をせずに「Yに契約を締結する意思があった」と信じても，110条の「正当な理由」はないとして，本判決は，110条の類推適用を否定した。[*5]

[*5] なお，本判決の控訴審判決は，X社が金融機関ではないことを，実印・印鑑証明書以外の手段で本人の意思を確認する義務が課されない理由として挙げていたが，本判決は，金融機関でなくてもこのような義務を課される余地があることを示した。

22 夫婦相互の日常家事代理権と表見代理

最高裁昭和44年12月18日判決（民集23巻12号2476頁） ▶百選Ⅲ-8

事案をみてみよう

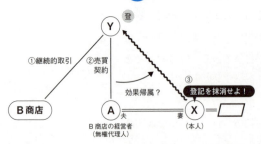

Aが経営するB商店は，継続的に取引（①）をしていたYに多額の債務を抱えて倒産した。Yは，B商店に対する債権を回収するため，Aの妻Xが所有する本件土地を購入する契約をAと締結し，所有権登記を得た（②）。Xは，本件土地をYに売ったことはないとして，Yの登記の抹消登記手続をするよう求めた（③）。

Yは，AはXから本件土地の売却についての代理権を与えられていたと主張したほか，761条によりAには日常家事に関して妻Xを代理する権限が認められており，この権限を110条の代理人の「権限」として，本件土地の売却について同条の表見代理が成立する，と主張した。

本判決は，前者の主張について，代理権授与を否定した控訴審の判断を是認できる旨を簡潔に述べた上で，後者の主張について，下記のような判断を示した。

✓ 読み解きポイント

Aは，妻Xが所有する本件土地を，Yに売却した。「XからAに代理権の授与があった」という主張は認められなかったので，この売却の効果は原則Xに帰属せず，Yは本件土地の所有権を得られないことになりそうである。もっとも，761条は，夫婦の一方がなした「日常の家事に関する法律行為」により生じた債務について，他方が連帯責任を負う旨を定めており，この規定が適用されるとXは責任を負うことになる。では，「日常の家事に関する法律行為」とは，どのような行為だろうか？ Aの行為がこれにあたらなくても，Xが責任を負う余地はあるだろうか？

📖 判決文を読んでみよう

「民法761条は，……その明文上は，単に夫婦の日常の家事に関する法律行為の効果，とくにその責任のみについて規定しているにすぎないけれども，同条は，その実質においては，さらに，右のような効果の生じる前提として，夫婦は相互に日常の家事に関する法律行為につき他方を代理する権限を有することをも規定しているものと解するのが相当である。

そして，民法761条にいう日常の家事に関する法律行為とは，個々の夫婦がそれ

ぞれの共同生活を営むうえにおいて通常必要な法律行為を指すものであるから，その具体的な範囲は，個々の夫婦の社会的地位，職業，資産，収入等によって異なり，また，その夫婦の共同生活の存する地域社会の慣習によっても異なるというべきであるが，他方，問題になる具体的な法律行為が当該夫婦の日常の家事に関する法律行為の範囲内に属するか否かを決するにあたっては，同条が夫婦の一方と取引関係に立つ第三者の保護を目的とする規定であることに鑑み，単にその法律行為をした夫婦の共同生活の内部的な事情やその行為の個別的な目的のみを重視して判断すべきではなく，さらに客観的に，その法律行為の種類，性質等をも充分に考慮して判断すべきである。

しかしながら，その反面，夫婦の一方が右のような日常の家事に関する代理権の範囲を越えて第三者と法律行為をした場合においては，その代理権の存在を基礎として広く一般的に民法110条所定の表見代理の成立を肯定することは，夫婦の財産的独立をそこなうおそれがあって，相当でないから，夫婦の一方が他の一方に対しその他の何らかの代理権を授与していない以上，当該越権行為の相手方である第三者においてその行為が当該夫婦の日常の家事に関する法律行為の範囲内に属すると信ずるにつき正当の理由のあるときにかぎり，民法110条の趣旨を類推適用[*1]して，その第三者の保護をはかれば足りる」。

*1 | 類推適用
〔判例05〕*6参照。

> **この判決が示したこと**
>
> 第1に，761条の「日常の家事に関する法律行為」の範囲は，個々の夫婦の内部的事情や行為の個別的目的だけでなく，客観的に，法律行為の種類・性質なども考慮して判断すべき，とした。第2に，夫婦の一方が「日常の家事に関する法律行為」の範囲に属さない行為を行った場合でも，相手方に，その行為が「日常の家事に関する法律行為」の範囲に属すると信じる正当な理由が認められれば，110条の趣旨の類推適用により，夫婦の他方は責任を負う，とした。
>
> しかし，本件では，Aの行為は「日常の家事に関する法律行為」にあたらず，その範囲内に属すると信じた正当な理由もYには認められない，とした。

 解説

I．761条の趣旨

契約の拘束力は意思表示をした者にのみ及ぶという契約の基本原則によれば，たとえ夫婦でも，一方が行った契約から生ずる債務につき，他方は責任を負わない。しかし，夫婦はひとつの生活共同体である。この共同体の維持のために必要な契約を夫婦の一方がした場合，他方は利益を受ける。また，このような契約では，相手方が，夫婦を一体としてとらえ，双方が債務を支払ってくれると期待することも，不合理とはいえない。そこで，761条は，夫婦の一方が日常の家事に関する法律行為（契約など）をした場合，他方はそれから生じる債務について連帯責任を負う旨を規定している。

さらに，通説は，直接には連帯責任を定める761条は，日常の家事に関する法律行為について夫婦が相互に代理権をもつことを前提にしていると解している。

Ⅱ．日常の家事に関する法律行為の範囲

では，ある行為が「日常の家事に関する法律行為」にあたるかはどのように判断するのか。上記のとおり，夫婦という生活共同体の維持に必要な費用に例外を認めることが761条の趣旨であるところ，何が「共同体の維持に必要」な費用かは，夫婦の社会的地位や資産状況等，夫婦の内部的事情によって異なる。他方，761条が契約の相手方の信頼を保護する規定でもあることからすれば，夫婦の内部事情を知らない相手方を害することのないように，日常の家事に関する法律行為の範囲を客観的に画する必要性も生ずる。本判決が，「日常の家事に関する法律行為」の範囲について，夫婦の内部的事情や個別的目的に加えて，客観的に，法律行為の種類・性質等も考慮して判断すべき，としたのは，これら2つの要請の双方に応えようとしたものといえる。

本件の，「自身が経営していた会社のために，妻Xの所有地を売却する」というAの行為は，夫婦の内部的事情を重視しても，客観的な法律行為の性質を重視しても，「日常の家事に関する法律行為」に属するとは考えにくい。

Ⅲ．日常の家事に関する法律行為の範囲に属さない行為と表見代理

では，夫婦の一方が，日常の家事に関する法律行為の範囲に属さない契約を締結した場合，他方が責任を負う余地はないか。この点，本件で，Yは110条の表見代理の成立を主張していた。110条は，基本「権限」を有する代理人によるその「権限」外の行為につき，それが「権限」の範囲内であると信じた相手方を保護する規定である。したがって，110条の適用には，行為者が基本「権限」を有することが必要となる。[*2] この点，本判決は，通説と同様，761条は日常の家事に関する法律行為について夫婦が相互に代理権をもつことを前提にしている，とした。そうすると，この代理権を基本「権限」とした110条の適用が考えられる。しかし，本判決は，110条の適用を認めなかった。日常の家事に関する法律行為の範囲に属さない行為についても相手方に正当な理由がある限り広く110条を適用すると，夫婦の一方が行った日常の家事に関する法律行為の範囲に属さない行為によって，他方の財産が有効に処分され，夫婦の財産的独立性が害されると危惧したからである。[*3] [*4]

そこで，本判決は，当該行為が日常の家事に関する法律行為の範囲内に属すると信じたことに正当な理由がある場合にのみ，相手方の保護が図られるとした。単に「代理権の範囲内の行為」と信じた場合に保護されるのではなく，それが「日常の家事に関する法律行為の範囲内の行為」と信じた場合に限って保護されるという点が，110条の適用ではなく，趣旨の類推適用とされるゆえんである。この判断によれば，相手方が保護されるのは，たとえば，行為の客観的性質等からは日常の家事に関する法律行為とはいえなくても，行為の目的や夫婦の資産状況を偽るなどして，当該行為が日常の家事に関する法律行為の範囲内に属すると相手方が信じ，その信頼に正当な理由が認められる場合等であろう。

本件では，Yが自己の債権の回収を図るためにXの土地を取得しようとした点等が重視され，Aの行為が日常の家事に関する法律行為の範囲内に属すると信じた正当な理由がYにあったとはいえないと判断された。

---

*2
［判例20］参照。

*3
婚姻前から各自が有していた財産は，婚姻によって当然に「2人の共有財産」になるわけではない。また，婚姻後に夫婦の一方が取得した財産も，その取得者の個人の財産になり，当然に「2人の共有財産」になるわけではない（762条1項。夫婦別産制）。婚姻しても，「自分の物は自分の物」なのである。

*4
日常の家事に関する法律行為についての代理権は，夫婦であることによって法律上当然に発生する権限（＝法定代理権）である。そして，法定代理権を基本「権限」とする110条の適用を認めるのが判例の立場といわれている。しかし，日常の家事に関する法律行為についての代理権の場合，自らの意思で代理権を授与した任意代理の場合と比べ，代理人が基本「権限」を有することへの本人の帰責性は小さく，その分，本人を保護する必要性は高い。

23 無権代理人の責任

最高裁昭和62年7月7日判決（民集41巻5号1133頁） ▶百選Ⅰ-34

事案をみてみよう

X信用組合がA工務店に金銭を貸し付けた際に、AのXに対する債務について、Bが連帯保証人になる旨[*1]の保証契約がXB間で締結された。ところが、実際には、Bは保証契約の締結に関与しておらず、Bの妻Yが、Aの代表者の妻（Yの従妹）から頼まれて、Bに無断でBの代理人としてXと保証契約を締結していた。Xは、無権代理人の責任（改正前117条1項）[*2]を根拠として、Yに対し、保証債務の履行を請求した。

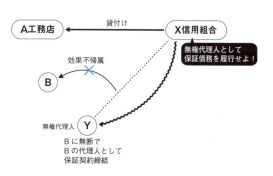

控訴審は次のように述べてXの請求を認めた。無権代理人の責任は、表見代理によっては保護を受けられない場合の相手方を救済し、もって取引の安全を確保しようとする制度である。そうであれば、改正前117条2項（117条2項2号本文）にいう「他人の代理人として契約をした者が代理権を有しないことを相手方が……過失によって知らなかったとき」とは、相手方を保護することが「信義則ないし公平の原理に反することになる場合、すなわち、相手方に悪意に近いほどの重大な過失がある場合を指す」。本件では、保証契約締結に先立って、XはBの保証意思を確認するためにY宅に電話し、Yから間違いないとの返事を得ているから、Yが代理権を有しないことを知らなかったことにつきXに重過失があるとはいえず、XはYの無権代理人の責任を追及することができる。

✓ 読み解きポイント

YはBに無断でBの代理人として契約を締結したのであるから、これは無権代理行為であり、この相手方であるXは、改正前117条1項に基づきYの責任を追及することができる。もっとも、同条2項は、無権代理人が代理権を有していないことを知らないことにつき相手方に過失がある場合には、相手方は無権代理人の責任を追及できないと規定している。これによると、Yに代理権がないことを知らないことにつきXに過失があった場合、XのYに対する責任追及は認められないことになる。この点について、控訴審は同条2項の「過失」の文言を読み替えて、無権代理人の責任を追及できないのは相手方に重過失がある場合と解し、Xの責任追及を認めた。本判決はどのように判断しただろうか。

---

*1｜連帯保証
〔判例20〕*1参照。

*2｜改正前117条
「① 他人の代理人として契約をした者は、自己の代理権を証明することができず、かつ、本人の追認を得ることができなかったときは、相手方の選択に従い、相手方に対して履行又は損害賠償の責任を負う。
② 前項の規定は、他人の代理人として契約をした者が代理権を有しないことを相手方が知っていたとき、若しくは過失によって知らなかったとき、又は他人の代理人として契約をした者が行為能力を有しなかったときは、適用しない。」

📖 判決文を読んでみよう

無権代理人の責任は、「無権代理人が相手方に対し代理権がある旨を表示し又は自己を代理人であると信じさせるような行為をした事実を責任の根拠として、相手方の保護と取引の安全並びに代理制度の信用保持のために、法律が特別に認めた無過失責任」であり[*3]、改正前117条2項（117条2項2号本文）は、「同条1項が無権代理人に無過失責任という重い責任を負わせたところから、相手方において代理権のないことを知っていたとき若しくはこれを知らなかったことにつき過失があるときは、同条の保護に値しないものとして、無権代理人の免責を認めたものと解される」。以上の趣旨によると、改正前117条2項の過失とは、「重大な過失に限定されるべきものではないと解するのが相当である[*4]」。

> ↓ この判決が示したこと ↓
>
> 本判決は、改正前117条2項（117条2項2号本文）の文言どおり、無権代理人が代理権を有しないことを知らなかったことにつき相手方に過失がある場合には、相手方は無権代理人の責任を追及できないと判示して、同項の「過失」を「重過失」と読み替えた控訴審の判断を破棄し、事案を差し戻した。

👉 解説

I. 問題の所在——控訴審の考え方

無権代理行為の相手方（本件のX）は、無権代理人（本件のY）に対し、履行または損害賠償の責任を追及することができる（改正前117条1項。以下「無権代理人の責任」という）。もっとも、相手方が、無権代理人が代理権を有していないことを知っていたとき、または、過失によって知らなかったときは、無権代理人の責任を追及できなくなる（改正前117条2項）。

他方で、無権代理人の代理権不存在を過失によって知らなかった相手方は、無権代理行為の本人（本件のB）に対し、表見代理の責任を追及することができない。表見代理の成立には、相手方の善意・無過失が要件とされているからである（改正前109条・110条・112条。改正後の民法も同じ）。

以上によると、無権代理人の代理権不存在を知らなかったことにつき過失のある相手方は、無権代理人の責任も表見代理の責任も追及できないことになってしまう。そこで、控訴審は、表見代理では保護を受けられない相手方を保護することが改正前117条の存在意義であると考えて、改正前117条2項の「過失」を「重過失」と読み替えた。このように解せば、無権代理人の代理権不存在を知らなかったことにつき過失はあるが重過失まではない相手方は、表見代理は主張できなくても無権代理人の責任だけは追及することができ、一定の保護を受けられる。

[*3] つまり、無権代理人は、自分に過失がなくても責任を負う、ということである。

[*4] 本判決の争点となったわけではないが、本判決は、表見代理と無権代理人の責任との関係について、①両者は互いに独立した制度であり、両者の要件を満たす場合に表見代理の主張をするかどうかは相手方の自由であるから、相手方は、表見代理の主張（本人への責任追及）をしないで、直ちに無権代理人の責任を追及することができること、また、②表見代理は相手方を保護するための制度であるから、無権代理人が、表見代理の成立（本人が責任を負うこと）を主張立証して無権代理人の責任を免れることはできないことも判示している。

Ⅱ．本判決の考え方と残された問題点

これに対して，本判決は，改正前117条2項の「過失」を文字どおり，通常の過失であるとした。無権代理人は無過失でも（つまり自分に代理権がないことを知らず，そのことに過失がなかったとしても）無権代理人の責任を負うのであり，そのような重い責任を負う以上，相手方が保護されるには保護に値するだけの要件＝善意・無過失が必要だ，というのがその理由である。相手方の保護よりも，無権代理人が無過失責任という重い責任を負うこととのバランスを重視しているわけである。

もっとも，本判決のように解するとしても，次の問題点が残されている。

本件のYは代理権の不存在を知りつつ保証契約を締結している。このように無権代理人が自分に代理権がないことを知りながら（つまり故意に）無権代理行為をした場合でも，相手方XにYの代理権不存在を知らなかったことにつき過失があるときは，Yは無権代理人の責任を免れてよいだろうか。

改正前117条2項は《無権代理人が故意の場合を除く》などと規定しておらず，文言上は，Xに過失があれば，Yは無権代理人の責任を免れることができた。これに対しては，故意に無権代理行為をした無権代理人が相手方の過失を理由に責任を免れるのは信義に反するから，この場合には，無権代理人は無権代理人の責任を負うべきだと解して，代理権不存在を知らなかったことにつき過失のある相手方の保護にも配慮する見解が有力であった。この見解によると，本件のようにYが故意に無権代理行為をしていた場合には，Yの代理権不存在を知らなかったことにつきXに過失があったとしても，Yは無権代理人の責任を免れることができず，Xの請求が認められる。

Ⅲ．改正後の民法

117条は，無権代理人の責任について，改正前117条と同様のルールを規定している。このうち，117条2項2号本文は，「他人の代理人として契約をした者が代理権を有しないことを相手方が過失によって知らなかったとき」は，無権代理人は無権代理人の責任を免れることができると規定しているが，ここでいう「過失」とは，本判決の判断に従い，文字どおりの過失であると解される。

その上で，改正後の民法は，「他人の代理人として契約をした者が代理権を有しないことを相手方が過失によって知らなかったとき」であっても，無権代理人が「自己に代理権がないことを知っていたとき」（つまり故意に無権代理行為をしたとき）は，無権代理人の責任を免れることができないと規定した（117条2項2号ただし書）。これは，本判決が残した問題点について，改正前117条2項の下で有力に主張されていた見解（Ⅱ参照）を明文化したものであるといえる。

*5
この場合でも，無権代理人の故意・過失によって相手方の権利ないし法律上保護された利益が侵害され，それによって損害が生じているといえるならば，相手方は，無権代理人に対し，不法行為による損害賠償を請求することが可能である（709条）から，相手方が全く保護されないわけではない。もっとも，不法行為責任では，支出した金銭の返還など不法行為がなかった状態への回復を求めることができるにとどまるのに対し，無権代理人の責任は，契約が結ばれた場合と同様の責任（履行責任）を無権代理人に負わせることができる点で，不法行為責任よりも重い。その点では，不法行為責任だけでなく無権代理人の責任も認めたほうが，相手方にとって有利である。

*6
これに対して，無権代理人が故意に無権代理行為をした場合でも，無権代理人の代理権不存在につき相手方が知っているときまで，相手方を保護してあげる必要はないから，そのようなときは，無権代理人は無権代理人の責任を免れることができる（117条2項1号参照。同項2号ただし書のような規定を置いていないことに注意）。

24 無権代理人の本人共同相続

最高裁平成5年1月21日判決（民集47巻1号265頁） ▶百選Ⅰ-36

事案をみてみよう

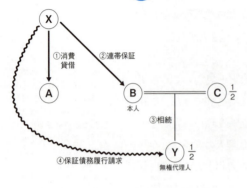

　Aから融資を依頼されたXは、Aに対して、Aの貸金債務850万円（①）について、Bが連帯保証人となることを求めた。Aの依頼を受けたBの子Yは、当時入院中であったBから別件のために預かっていたBの実印を勝手に使用してBを無権代理し、Bが上記貸金債務について連帯保証する旨の契約を締結した（②）。その後、Bは死亡し、Bの妻CとYが、Bの権利義務を各2分の1の割合で相続した（③）。そこで、Xは、Yに対して、Aの貸金債務額の支払を求めて提訴した（④）。控訴審は、無権代理人が本人を他の相続人と共同相続した場合、無権代理行為は、無権代理人の相続分の限度で当然に有効になるという考え方から、Xの請求を、Yの相続分である2分の1の限度で認容したため、Yが上告した。

*1｜連帯保証
［判例20］*1参照。

*2｜実印
［判例13］*1参照。

☑ 読み解きポイント

　本件では、無権代理人Yが本人Bを相続しているが、無権代理行為の効力はどのように判断されるのか。無権代理人の地位と本人の地位が、同じYに帰属したのだから、本人自ら法律行為をしたのと同じだとして、当然に有効になるのだろうか。あるいは、当然に有効になるにしても、Cとの共同相続であるから、Yが相続をした2分の1の限度で有効になるのだろうか。

　仮に当然に有効にならないとした場合、本人Bがもっていた追認権はどうなるか。Yの2分の1、Cの2分の1に分割されて、YとCがそれぞれ行使できるのだろうか。それとも、分割して行使することはできず、YとCの2人ともが追認しない限り、Yが相続した2分の1の限度でも、Yの無権代理行為が有効となることはないのだろうか。

📖 判決文を読んでみよう

　「無権代理人が本人を他の相続人と共に共同相続した場合において、無権代理行為を追認する権利は、その性質上相続人全員に不可分的に帰属するところ、無権代理行為の追認は、本人に対して効力を生じていなかった法律行為を本人に対する関係において有効なものにするという効果を生じさせるものであるから、共同相続人全員が共

同してこれを行使しない限り，無権代理行為が有効となるものではないと解すべきである。そうすると，他の共同相続人全員が無権代理行為の追認をしている場合に無権代理人が追認を拒絶することは信義則上許されないとしても，他の共同相続人全員の追認がない限り，無権代理行為は，無権代理人の相続分に相当する部分においても，当然に有効となるものではない。そして，以上のことは，無権代理行為が金銭債務の連帯保証契約についてされた場合においても同様である。」本件では，共同相続人Cの追認があった事実についてXの主張立証がないため，Yの相続分に相当する部分においても，本件連帯保証契約が有効になったということはできない。

> ⬇ **この判決が示したこと** ⬇
>
> 本判決は，無権代理人が本人を他の相続人と共同相続した場合，無権代理人の相続分に関しても，無権代理行為が当然に有効になることはないという考え方を前提にして，本人の追認権は，その性質上相続人全員に不可分的に帰属し，共同相続人全員が共同してこれを行使しない限り，無権代理行為が有効となることはないとした。

解説

Ⅰ．「無権代理と相続」とはどのような場合か

　無権代理行為は，実印の入手が容易であるなどの理由から，しばしば親族間で行われることがある。このとき，本人が追認や追認拒絶をしないまま，本人が死亡し，相続によって無権代理人が本人の地位ももつに至った場合，または無権代理人が死亡し，相続によって本人が無権代理人の地位ももつに至った場合，無権代理行為の効力はどうなるのだろうか。これが「無権代理と相続」と呼ばれる論点である。

Ⅱ．資格融合説とそれに対する批判

　まず考えられるのは，無権代理人と本人の地位が同一人に帰属したのだから，本人自ら法律行為をした場合と同様に扱われる（無権代理でなかったことになる）という考え方である。これは，本人と無権代理人の資格が同一人の中で融合すると考えるところから，資格融合説と呼ばれる。判例にも，本人が死亡し，無権代理人が単独相続した事案で，資格融合説を採用したものがある。[*3]

　しかし，本判決のように，本人が死亡し，無権代理人が本人を他の共同相続人とともに共同相続した事案で，資格融合説を採用し，無権代理行為が全部有効となるとすると，自ら無権代理行為をしたわけでもない他の共同相続人の利益が害される。

　仮に，他の共同相続人の利益に配慮して，無権代理人の相続分の限度で有効となると考えたとしても（これが本件控訴審の立場である），不動産の譲渡が無権代理行為として行われた場合は──共同相続人が無権代理行為を追認した場合は別として──共同相続人と相手方が不動産を共有する状態となり，やはり共同相続人の利益に反する。また，相手方にとっても，このような共有状態になることを嫌って115条の取消権を行使しようとしても，資格の融合により無権代理でなかったことになって，その行

*3 | 最判昭和40・6・18民集19巻4号986頁。

使ができなくなるのは不利益である。

Ⅲ. 資格併存説とそのバリエーション

このように資格融合説があまり汎用性を有しないことから，通説は，相続により，本人の資格と無権代理人の資格が同一人の中に併存するという考え方に立っている（資格併存説）。判例は，［判例25］で，資格併存説に立った説明をしている。

資格併存説に立つ場合，本人が死亡し，無権代理人が単独相続した場合でも，相続人の中に本人の資格と無権代理人の資格が併存するから，相続人は本人の資格で，無権代理行為の追認を拒絶できることになる。相続という偶然の事情によって相手方が有利になる理由はないとして，このような立場をとる見解もあるが（完全併存説），通説は，無権代理行為を行った当の本人が追認を拒絶するのはさすがに信義則（1条2項）に反すると考えて，無権代理人は追認拒絶権を行使できないとする（信義則説）。

Ⅳ. 本判決の立場（追認不可分説）

本判決は，上記の資格併存説の考え方に立った上で，本人の追認権は，その性質上相続人全員に不可分的に帰属し，共同相続人全員が共同してこれを行使しない限り，無権代理行為が有効となるものではないとする（追認不可分説）。これによると，無権代理行為が有効となるためには，YとCがそろって追認しなければならないから，Cが追認しない限り，追認の効果は生じず，CとYが本人としての責任を負うことはない。その場合，Xとしては，Yの無権代理人の責任（117条）を追及するしかない。

また，本判決は，信義則説に立ち，他の共同相続人全員が無権代理行為の追認をしている場合に無権代理人が追認を拒絶することは信義則上許されないとする。これによると，Cが追認している場合に，Yが追認を拒絶することは信義則上許されず，その結果，Xが履行請求した場合にはこれが認容されることになる。

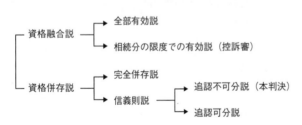

Ⅴ. 追認可分説とその問題点

追認不可分説に対しては，追認権も相続分に応じて分割承継され，追認拒絶が信義則に反するかどうかは各相続人ごとに判断されるとする見解もある（追認可分説）。これによると，追認権はYとCに2分の1ずつ承継され，Cは問題なく追認拒絶が可能なのに対し，無権代理行為を行った当の本人であるYが追認を拒絶することは信義則に反するから，XがYおよびCに履行請求し，Cが追認拒絶をした場合には，本件連帯保証契約はYの相続分の限度で有効になる。

しかし，この立場によると，不動産の譲渡が無権代理行為として行われた場合には，共同相続人が追認しない限り，不動産が共同相続人と相手方の共有になるという，相続分限りでの資格融合を認める立場と同じ問題が生じる。このようなところからは，やはり追認不可分説が妥当であろう。

25 本人の無権代理人相続

最高裁昭和37年4月20日判決（民集16巻4号955頁） ▶百選Ⅰ-35

事案をみてみよう

　昭和13年12月，Xは，Yの先代Aから，Y所有の本件家屋を買い受けたが，この譲渡は，AがYを無権代理して行ったものであった（①）。その後，Aが死亡し，Yが家督相続人となった（②）。そこで，XがYに対し，Yが家督相続によって無権代理人の責任（117条）を承継したことを理由に，本件家屋の所有権移転登記および明渡しを求めた（③）。控訴審は，相続によって無権代理行為の瑕疵は追完され，その時以降無権代理による契約は有効となるから，117条の責任によるまでもなく，Xの所有権に基づく請求を認容すべきであるとしたため，Yが上告した。

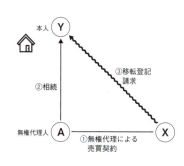

*1｜時代背景
戦前の民法では，戸主（家制度における家の長）の身分上および財産上の権利義務を家督相続人が単独相続する制度があった。家督相続人には，長男がなることが多かった。

✓ 読み解きポイント

　[判例24]で「無権代理と相続」と呼ばれる問題を扱った。本件も「無権代理と相続」が問題となる事案である。[判例24]は，無権代理人が本人を相続したという事案であったのに対して，本件では，本人Yが無権代理人Aを相続している。YはAを単独で相続しているが，本人と無権代理人の地位のどちらもY1人に帰属するに至ったのだとして，控訴審がいうように，無権代理行為は当然に有効となるのだろうか。

📖 判決文を読んでみよう

　「無権代理人が本人を相続した場合においては，自らした無権代理行為につき本人の資格において追認を拒絶する余地を認めるのは信義則に反するから，右無権代理行為は相続と共に当然有効となると解するのが相当であるけれども，<u>本人が無権代理人を相続した場合は</u>，これと同様に論ずることはできない。後者の場合においては，<u>相続人たる本人が被相続人の無権代理行為の追認を拒絶しても，何ら信義に反するところはないから，被相続人の無権代理行為は一般に本人の相続により当然有効となるものではない</u>」。

089

> **↓ この判決が示したこと ↓**
>
> 本判決は，本人が無権代理人を単独相続した事案について，自ら無権代理行為をしたわけでもない本人が追認拒絶をしても何ら信義則（1条2項）に反するものではないことを理由に，無権代理行為が相続によって当然に有効になるものではないとして，無権代理行為が当然に有効になるという控訴審判決の考え方を採用しなかった。

解説

I．本判決の立場

本判決は，無権代理人が死亡し，本人が単独相続した事案について，資格融合説[*2]の立場から無権代理行為は当然有効になると判示した控訴審に対して，自ら無権代理行為をしたわけでもない本人が無権代理行為の追認を拒絶しても，何ら信義則に反することはないことを理由に，相続によって無権代理行為が当然に有効となるわけではないとした。

これは，相続によって，本人の資格と無権代理人の資格が同一人の中に併存するという資格併存説の立場に立った上で，本人の資格で無権代理行為の追認を拒絶することが信義則に反するかどうかを検討する信義則説を採用したものである。

なお，無権代理人を相続した本人が，本人の資格で無権代理行為の追認を拒絶した場合，相手方は無権代理人の責任（117条）を追及することになるが，この責任は無権代理人から本人に相続される。相続人が本人だからといって（本人は無権代理行為の被害者という側面もあるけれども），責任を免れることはない[*3]。実際，本件でも，Xは117条に基づく請求を行っている。ところが控訴審は，資格融合説の立場に立って，相続によって無権代理行為は当然に有効となるとした。本判決はこの考え方を否定し，117条の責任について審理するように差し戻したのである[*4]。

II．最高裁の立場のまとめ

さて，本判決，［判例24］，［判例24］*3 の最高裁昭和40年判決をまとめると，判例の立場は，次の表のようになる。

無権代理人が本人を相続した場合
無権代理人が単独相続した場合……資格融合説（最高裁昭和40年判決）
無権代理人が共同相続した場合……資格併存・信義則説（追認不可分説。［判例24］）
本人が無権代理人を（単独）相続した場合……資格併存・信義則説（本判決）

このようにみると，無権代理人が本人を単独相続した場合だけが，いかにも浮いている感じは否めない。これについて本判決は，無権代理人に本人の資格で追認を拒絶する余地を認めるのは信義則に反することを理由に，無権代理行為は当然に有効になるのだと説明しているが，そのような目的は，資格併存・信義則説によって十分に達成できるはずである。理論的にも，無権代理人が本人を単独相続すると資格が融合す

[*2] 各説の詳しい内容や問題点については，［判例24］の解説を参照してほしい。

[*3] 最判昭和48・7・3民集27巻7号751頁。

[*4] なお，無権代理であることについて相手方が悪意または有過失である場合には，相手方は117条の責任を追及することができない（117条2項1号・2号本文）。無権代理行為が有効となる場合には，もちろんこのような制限はない。

るのに，本人が無権代理人を相続すると資格が融合しないとするのは，一貫しない。このような疑問から，通説は，無権代理人が本人を単独相続した場合にも，資格併存・信義則説によるべきと主張している。

Step Up　もう一歩先へ

1. 第三者が無権代理人と本人の双方を相続した場合

［判例 **24**］，［判例 **25**］では，無権代理人が本人を相続した事案，本人が無権代理人を相続した事案を扱った。では，第三者が無権代理人を相続し，その後本人を相続した場合，あるいは，第三者が本人を相続し，その後無権代理人を相続した場合はどうなるのだろうか。いささかパズルのようだが，これが実際に問題になったのが，最判昭和 63・3・1 判時 1312 号 92 頁である。

事案を簡略化すると，まず無権代理人が死亡し，本人が他の共同相続人とともに無権代理人を共同相続した後，さらに本人が死亡し，（すでに無権代理人を相続していた）共同相続人がこれを単独相続したために，最終的に，共同相続人のもとに無権代理人の地位と本人の地位の両方が帰属するに至ったというものである。

最高裁はこれを，無権代理人が本人を単独相続した場合として取り扱った上で，最高裁昭和 40 年判決（［判例 **24**］＊3）の考え方にのっとって資格融合説に立ち，相続によって無権代理行為は当然に有効となるとする。

無権代理人を相続した者を無権代理人と同視する，この判決の考え方によると，相続の順番が変わって，まず本人が死亡し，無権代理人が他の共同相続人とともに本人を共同相続した後，さらに無権代理人が死亡し，（すでに本人を相続していた）共同相続人がこれを単独相続した場合には，本人が無権代理人を単独相続した場合として構成されることになる。そしてその場合は，［判例 **25**］に従い，資格併存・信義則説により，無権代理行為は当然には有効にならないことになる（以上について，［判例 **25**］の解説中の表を適宜参照してほしい）。

しかし，そうすると，誰がどういう順番で死亡したかという，当事者にとって全く偶然の事情によって結果が大きく変わってしまうというなんとも不自然な事態が生じる。このような不都合も，結局のところ，判例が，無権代理人が本人を単独相続した場合についてだけ資格融合説を採用していることから生じている。このような不都合を避けるためにも，すべて資格併存・信義則説によるものとした上で，無権代理行為に関わった人物なのかどうかなどを考慮して，追認拒絶が信義則に反するかどうかを検討するのが妥当であろう。

2. 本人が追認拒絶した後に死亡し，無権代理人が本人を相続した場合

本人が死亡し，無権代理人が本人を相続した事案で，本人が生前，無権代理行為の追認を拒絶していた場合，相続後に無権代理人が追認拒絶の効果を援用することはできるだろうか。この問題を取り扱ったのが，最判平成 10・7・17 民集 52 巻 5 号 1296 頁である。

最高裁は，「本人が追認を拒絶すれば無権代理行為の効力が本人に及ばないことが確定し，追認拒絶の後は本人であっても追認によって無権代理行為を有効とすることができず，右追認拒絶の後に無権代理人が本人を相続したとしても，右追認拒絶の効果に何ら影響を及ぼすものではない」とする。

学説上は，自ら無権代理行為をした無権代理人が追認拒絶の効果を援用することは信義則に反するとする見解もあるが，そうすると，いったん無効に確定したはずの無権代理行為が後で有効になってしまうという弊害が生じるし，相手方としても，法律行為がいったん無効に確定した以上，それを改めて有効にすることへの期待はそれほど大きくないといえるだろう。このように考えると，この論点に関しては，資格併存・信義則説の立場からも，最高裁と同様に，本人が追認拒絶をした時点で無効に確定すると考えてよいのではないだろうか。

Chapter VI

時効

たとえば，Aは，Bに対して100万円の債権を有するにもかかわらず，その支払をBに請求しないまま，年月が経っている。あるいは，甲土地はCの所有であるにもかかわらず，Dがあたかも所有者であるかのように甲土地を使用し続けている。

民法は，ある事実状態が一定期間継続した場合に，その事実状態に対応した権利関係を認める制度を設けている。これが「時効」の制度である。時効には，権利を行使しないという事実状態に対応して権利の消滅という権利関係を認める「消滅時効」と，権利者であるかのような事実状態に対応して権利の取得という権利関係を認める「取得時効」の2種類がある。上の例で，AがBに対する債権を行使しない状態が継続した場合には，時効によって債権が消滅し，また，Dが所有者であるかのように甲土地を使用する状態が継続した場合には，時効によってDが甲土地の所有権を取得する。

本来なら存在するはずの権利が消滅したり，権利者でない者が権利を取得したりすることを認めるのだから，時効は不思議な制度である。そこで，民法は，時効の要件のほか，誰が時効を主張できるか，AやCが時効の成立を阻止するにはどうすればよいか，などを規定している。

Contents
 I 通則——基本原則
 II 人
 III 法人
 IV 法律行為・意思表示
 V 代理
ココ！ VI 時効

Introduction

時効

10年以上前のことだけど，お父さんは，僕のおじさんからラーメン屋を開業する資金が必要だからお金を貸してほしいと言われて，100万円ほど貸したらしい。お父さんとおじさんは兄弟だし仲が悪くなると困るので，お父さんは100万円を返してくれとは要求してこなかったけど……そろそろ返してもらいたいと思っているようだ。でも，10年以上も経っているのに，今さら，貸したお金を返してくれなんて言えるのかな？

　Aは友人Bに対して100万円の債権を有しており，その弁済期は〇年□月×日だったが，Aは，弁済期が過ぎてもBに対して100万円を支払えと請求しないまま，時間が経過した。Aはそろそろ支払ってもらおうと思い，100万円の支払をBに求めたところ，Bは，債権は時効で消滅したと主張して支払を拒絶した……。
　この例をもとにして，時効に関する主なルールをみていくことにしよう。

1．時効の要件

　時効には，消滅時効と取得時効の2つがあり，どちらも，ある事実状態が一定の期間（「時効期間」と呼ばれる）継続することが要件である。この要件を満たすと（「時効の完成」と呼ばれる），権利の消滅，あるいは権利の取得の効果が発生する。
　消滅時効については，権利の種類ごとに，《権利不行使の事実状態》と《時効期間》が定められている（166条～169条）。たとえば，Aの債権は一般の債権であるが，166条1項によると，債権者Aが「権利を行使することができることを知った時から5年間」（1号）あるいは「権利を行使することができる時から10年間」（2号），債権を行使しない状態が続くと，債権は時効によって消滅する。
　取得時効については，所有権とその他の財産権とに分けて，《権利者であるかのような事実状態として何が必要か》，および，《時効期間》が定められている（162条・163条）。162条では，「他人の物」を占有することが要件とされているが，自己の物を占有している場合でも取得時効が認められるかが争われている［→判例 26］。

2．時効の起算点

　時効は，その起算点から進行を始める。上の例では，Aが「権利を行使することができることを知った時」あるいは「権利を行使することができる時」が起算点となる。

もっとも，権利の性質によっては起算点を決めるのが難しい場合もある〔→判例 27〕。

3．時効の援用

　時効が完成しても，当事者が自動的にその効果を受けられるわけではない。権利の消滅・取得という時効の利益を受ける旨の意思を表示すること（援用）が必要である（145 条）。上の例では，時効の完成に加えて，Bが時効の援用をすることによって初めて，時効の効果（AのBに対する債権の消滅）を享受することができる。[*1]

　時効が完成したならば，権利の消滅・取得の効果を自動的に発生させてもよいと考えられるのに，民法はなぜ時効の援用を要求したのだろうか。〔判例 28〕は，その理由を示した上で，時効の完成と時効の援用との関係を明らかにしている。

　時効の援用は「当事者」がすることができる。消滅時効の場合には，債務者だけでなく，保証人等の「権利の消滅について正当な利益を有する者」も「当事者」に含まれる（145 条）。上の例で，仮にCがBの保証人になっていた場合，BだけでなくCも，AのBに対する債権の消滅時効を援用することができる。〔判例 29〕では，「権利の消滅について正当な利益を有する者」の範囲が問題となっている。

4．時効利益の放棄

　時効によって利益を受ける者は，時効が完成しても，時効の援用をせずに時効利益を放棄することもできる（146 条の反対解釈）。上の例のBは，消滅時効の完成を知ったときに，時効を援用してAに対する債務の消滅を主張してもよいし，Aに対する債務を承認して（これが時効利益の放棄にあたる），Aに対する債務を負担し続けてもよい。

　ところが，実際には，Aから支払の請求を受けたBが，消滅時効がすでに完成していることを知らないまま，必ず支払うなどと述べて，Aに対する債務を承認するような場合が多い。〔判例 30〕はこの場合の法律関係を扱っている。

5．時効の更新・完成猶予

　民法は，一定の事由が発生した場合に，時効の更新および時効の完成猶予を認めている（147 条〜152 条・158 条〜161 条）。

　上の例で，時効期間が満了するまでの間に，①AがBに対して債務の履行を請求する訴訟を提起し，A勝訴の判決が確定した場合や，②BがAに対して債務を負っていることを承認した場合には，これまで進行してきた時効期間がゼロに戻る。これを「時効の更新」（改正前は「時効の中断」）という。どのような場合に時効の更新が認められるかは，147 条 2 項，148 条 2 項，152 条に具体的に規定されている。時効の更新が認められると，その時から，また新たな時効が進行を始める。[*2]

　これに対し，一定の事由が生じている間は時効の完成を延期することを，「時効の完成猶予」（改正前は「時効の停止」）という。時効の完成猶予は，③AがBに対して債務の履行を請求する訴訟を提起した場合など，権利者が権利行使の意思を明らかにしている事由があるために認められるもの（147 条 1 項・148 条 1 項・149 条・150 条・151 条）と，④Aが天災に遭遇してBに対する訴訟を提起するのが困難であるなど，権利者による権利行使を著しく困難にする事由があるために認められるもの（158 条〜161 条）とに分けることができる。

*1｜まとめ
時効期間
時効の　　時効の　　＋援用
起算点　　完成　　　↓
　　　　　　　　効果が
　　　　　　　　発生

*2｜さらに，取得時効に特有のルールとして，権利者であるかのようにふるまっていた者がその事実状態を任意に中止した場合や，その事実状態を他人に奪われた場合も，これまで進行してきた時効期間がゼロに戻る（164 条）。これを「時効の中断」という（改正前の民法では，これと本文に述べた「時効の更新」の両方をあわせて「時効の中断」と呼んでいたが，改正後の民法では，これのみが「時効の中断」と呼ばれる）。

26 自己の物の時効取得

最高裁昭和42年7月21日判決（民集21巻6号1643頁） ▶百選Ⅰ-44

事案をみてみよう

▶当事者図

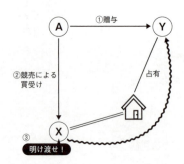

▶時系列図

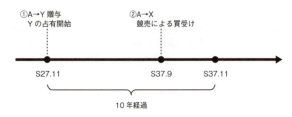

　Yは，昭和27年11月，Aから本件家屋の贈与を受け，それ以降，本件家屋に居住している（①）。ところが，Aは，本件家屋のYへの所有権移転登記がされていないのを利用して，自己の債務を担保するために，Yに無断で本件家屋に抵当権を設定した[*1]。そして，抵当権が実行され，昭和37年9月，Xが競売によって本件家屋を買い受け，Xへの所有権移転登記を経由した（②）。

　昭和37年11月，Xは，本件家屋の所有権に基づき，Yに対して本件家屋の明渡しを求めた（③）。これに対して，Yは，所有の意思を持って平穏・公然と本件家屋を占有し，かつ，占有開始時に善意・無過失であったから，昭和27年11月から10年を経過した昭和37年11月をもって時効により本件家屋の所有権を取得し（162条2項），Xは本件家屋の所有権を失ったと反論した。

　控訴審は，162条の取得時効が成立するには「他人の物」を占有する必要があるが，本件家屋はAから贈与されたのだから，Yは自己の物を占有するにすぎず，Yの取得時効は成立しないとして，Xの請求を認めた。

[*1] 抵当権
〔判例13〕*3参照。

[*2]
たとえば，Pがある物を所有している場合に，その所有権がPからQ，PからRへと二重に譲渡されることを，二重譲渡という。

✓ 読み解きポイント

　Yは，Aからの贈与によって本件家屋の所有権を取得している——「自己の物」になっている——から，わざわざ所有権を時効により取得したなどと主張する必要はないように見える。ところが，本件ではその後，Xが競売によって本件家屋を買い受けた結果，XY間では，本件家屋につき二重譲渡の関係が生じている[*2]。この場合には，177条の適用により[*3]，Yは，本件家屋の所有権を先に取得していても，所有権移転登記を備えていないのでその取得をX（第三者）に主張することができず，むしろ，先に所有権移転登記を備えたXがYに優先する。

　そこで，Yは，本件家屋が自己の物であるにもかかわらず，時効による取得（時効取得）を主張したわけである。この時効取得が認められれば，177条のルールで

096

は劣後するYも，Xに対して本件家屋の所有権を主張することができる。[*4]

しかし，162条は，所有権の時効取得の要件として，「他人の物」の占有を規定している。自己の物を占有していた場合でも，所有権の時効取得は成立するだろうか。

📖 判決文を読んでみよう

「民法162条所定の占有者には，権利なくして占有をした者のほか，所有権に基づいて占有をした者をも包含するものと解するのを相当とする……。すなわち，所有権に基づいて不動産を占有する者についても，民法162条の適用があるものと解すべきである。けだし，取得時効は，当該物件を永続して占有するという事実状態を，一定の場合に，権利関係にまで高めようとする制度であるから，所有権に基づいて不動産を永く占有する者であっても，その登記を経由していない等のために所有権取得の立証が困難であったり，または所有権の取得を第三者に対抗することができない等の場合において，取得時効による権利取得を主張できると解することが制度本来の趣旨に合致するものというべきであり，民法162条が時効取得の対象物を他人の物としたのは，通常の場合において，自己の物について取得時効を援用することは無意味であるからにほかならないのであって，同条は，自己の物について取得時効の援用を許さない趣旨ではないからである。」

> ⬇ **この判決が示したこと** ⬇
>
> 本判決は，162条が「他人の物」と規定しているにもかかわらず，取得時効の制度の趣旨から，所有権に基づいて占有している物，すなわち，「自己の物」についても所有権の時効取得が認められるとして，控訴審の判断を破棄し，Yの占有が取得時効のその他の要件を満たすかを審理させるために事案を差し戻した。

☝ 解説

I．「自己の物」の時効取得が認められる理由

本判決は，自己の物について所有権の時効取得を認めたが，その判断にあたり，取得時効の制度の趣旨を根拠とした。その趣旨は以下の2つの側面から説明される。

一方で，取得時効とは，長期にわたって一定の事実状態（占有）が続き，それに基づいて社会生活が営まれてきたことを重視して，その社会生活を保護するために，事実状態を権利関係にまで高めて法律関係を安定化させる制度である。ここでは，長期にわたる事実状態（とそれに基づく社会生活）が存在すること自体が重要であり，事実状態がどのような原因によって発生したかを問う必要はない。そうであれば，他人の物の占有であろうと，本件のYのように自己の物の占有であろうと，長期にわたる占有が存在する以上は取得時効が適用されてよいはずである。

他方で，取得時効の制度には，本当は権利を有している者が，時の経過などにより

[*3] 177条は，たとえば，Pが甲土地を所有している場合に，Pから甲土地の所有権を取得したQは，Pに対してはその取得を主張することができるが，所有権移転登記をしなければ，第三者（*2の例のRなど）に対してはその取得を主張することができないというルールを定めている（177条の「対抗」は主張という意味で理解すればよい）。所有権移転登記をすることによって初めて，第三者との関係でも，甲土地の所有権の取得を認めてもらえるわけである。つまり，177条によると，第三者との関係では，所有権移転登記を備えたかどうかで，甲土地の所有権取得の優劣が決まることになる。
以上の所有権移転登記のように，第三者に物権を主張するために必要とされる要件のことを「対抗要件」という。

[*4] 本件家屋についてYの時効取得が認められた場合には，Yは，所有権の取得を登記なくしてXに対抗することができ，Xに優先する。昭和37年11月に取得時効が完成すると，Yが本件家屋の所有権を取得する反面，Xが本件家屋の所有権を失うことになる点で，XとYは，第三者の関係ではなく，（売買契約の売主・買主と同じような）当事者に準じる関係に立ち，177条は適用されないと解されているからである。これは，「時効取得と登記」と呼ばれる論点のうち，時効取得者（Y）と時効完成前の第三者（X）との関係にあたる。詳しくは［物権・判例09］を参照してほしい。

権利の存在を証明するのが困難になった場合に，時効取得を認めることでその証明の困難を救済する側面もある。この側面からは，所有権に基づく占有（自己の物の占有）に取得時効が適用されるのはむしろ当然だといえる。[*5]

II. 本判決の問題点

　本判決のように解すると，177条のルールによれば劣後するはずのYが，時効取得を主張すれば，先に所有権移転登記を備えたXに優先する。しかし，これでは177条の趣旨――不動産の所有権取得の優劣は対抗要件（登記）を備えたかどうかで決まる[*6]――に反する結果となる。むしろ，Yは，Aから本件家屋の贈与を受けたら直ちに所有権移転登記をすることができたのだから，それを怠っていた以上，不利益を受けてもやむを得ないはずである。そこで，本件のような二重譲渡のケースでは自己の物の時効取得を認めずに，177条に従い，Yは，所有権移転登記を備えなければ，本件家屋の所有権の取得をXに対抗できないと解する見解も有力に主張されている。もっとも，この見解によるとしても，Xが所有権移転登記をした時点でYの占有は「他人の物の占有」と評価されることから，Yがこの時点から10年（162条2項）あるいは20年（同条1項）占有を続ければ，本件家屋の所有権を時効取得することができる。

[*5] たとえば，売買契約によって物の所有権を取得した買主が，契約書を紛失したなどの理由で売買契約の事実を立証するのが難しい場合でも，自己の物の時効取得が認められると，時効取得に基づいて自己の所有権を立証することが可能になる。このように，自己の物の時効取得を認めることは，所有権の立証を容易にするという意味もある。

[*6] *3の説明参照。

27 じん肺による損害賠償請求権の消滅時効の起算点

最高裁平成6年2月22日判決（民集48巻2号441頁） ▶百選Ⅰ-43

事案をみてみよう

　Xらは，Yの経営する炭鉱の従業員として炭鉱労務に従事していたが，労務中に粉じんを吸い込んだ結果，じん肺に罹患した。じん肺とは，「粉じんを吸入することによって肺に生じた線維増殖性変化を主体とする疾病」（じん肺法2条1項1号[*1]）であり，肺の機能にさまざまな障害をもたらす。しかも，粉じんが肺に残っている限り，病状が進行するという特殊性（進行性）を有するが，その進行の有無・程度・速度は患者によって多様である。Xらは，じん肺法に基づき，その病状に応じて管理2～4の区分（数字が大きくなるほど病状が重くなる）にあたる旨の行政上の決定を受けており，その中には，じん肺の進行性ゆえに，最初に決定を受けた後，病状が重くなり，最終的により重い決定を受けた者もいた。

　Xらは，じん肺に罹患したのはYが雇用契約上の安全配慮義務[*2]を履行しなかったためであるとして損害賠償を請求したところ，Yは，Xらの損害賠償請求権は10年の時効により消滅した（改正前167条1項[*3]）と反論した。

読み解きポイント

　権利を一定期間行使しなかったときは，その権利は時効によって消滅する（消滅時効）。そして，その一定期間をいつの時点から計算するのか（起算点）について，改正前166条1項[*4]は「権利を行使することができる時」と定めている。本件では，Yが安全配慮義務を履行しなかったことで生じた損害の賠償請求権について，Xらがこの「権利を行使することができる時」がいつの時点かが問題となった。じん肺に罹患して病状が発生した時なのか，あるいは，行政上の決定を受けた時なのか。行政上の決定を受けた時だとすると，一度決定を受け，その後さらにより重い決定を受けている場合，いつの決定を指すのだろうか。控訴審は，「Xらが最初の行政上の決定を受けた時」であると判断した（そして，その時を起算点として期間を計算すると，Xらのうち一部の者の損害賠償請求権は時効によりすでに消滅している，とした）が，本判決はどのように判断しただろうか。

判決文を読んでみよう

(1)　「安全配慮義務違反による損害賠償請求権は，その損害が発生した時に成立し，同時にその権利を行使することが法律上可能となるというべきところ，じん肺に罹患した事実は，その旨の行政上の決定がなければ通常認め難いから，本件においては，

[*1] じん肺法
じん肺に関する予防や健康管理などの措置について定めた法律。じん肺にかかるおそれのある労働者は，健康診断の結果に基づき，じん肺の病状について行政上の決定を受ける。

[*2]
ある法律関係（本件でいえば雇用契約）に基づいて特別な社会的接触の関係に入った当事者は，その法律関係の付随義務として，相手方の生命・身体・健康を危険から保護するよう配慮するべき信義則（1条2項）上の義務（安全配慮義務）を負うと解されている（労働契約法5条も参照）。安全配慮義務の不履行に基づく損害賠償請求権は，債務不履行に基づく損害賠償請求権と同様の性質を有するとして，一般の債権と同じく10年の消滅時効（改正前167条1項）にかかる（最判昭和50・2・25民集29巻2号143頁〔百選Ⅱ-2〕参照）。

[*3] 改正前167条1項
「債権は，10年間行使しないときは，消滅する。」

[*4] 改正前166条1項
「消滅時効は，権利を行使することができる時から進行する。」

じん肺の所見がある旨の最初の行政上の決定を受けた時に少なくとも損害の一端が発生したものということができる。」

(2)「しかし，このことから，じん肺に罹患した患者の病状が進行し，より重い行政上の決定を受けた場合においても，重い決定に相当する病状に基づく損害を含む全損害が，最初の行政上の決定を受けた時点で発生していたものとみることはできない。……じん肺の病変の特質にかんがみると，管理2，管理3，管理4の各行政上の決定に相当する病状に基づく各損害には，質的に異なるものがあるといわざるを得ず，したがって，重い決定に相当する病状に基づく損害は，その決定を受けた時に発生し，その時点からその損害賠償請求権を行使することが法律上可能となるものというべきであり，最初の軽い行政上の決定を受けた時点で，その後の重い決定に相当する病状に基づく損害を含む全損害が発生していたとみることは，じん肺という疾病の実態に反するものとして是認し得ない。これを要するに，雇用者の安全配慮義務違反によりじん肺に罹患したことを理由とする損害賠償請求権の消滅時効は，最終の行政上の決定を受けた時から進行するものと解するのが相当である。」

> ⬇ **この判決が示したこと** ⬇
>
> 本判決は，消滅時効の起算点である「権利を行使することができる時」（改正前166条1項）とは，安全配慮義務の不履行に基づく損害賠償請求権については損害発生時であることを前提とした上で，じん肺という病気の特殊性を考慮して，損害発生時を「最終の行政上の決定を受けた時」であるとした。

👆 解説

I.「権利を行使することができる時」とは

　消滅時効の起算点は「権利を行使することができる時」とされている（改正前166条1項）。この「権利を行使することができる時」とは，権利行使に対する法律上の障害がなくなった時であると解されている。法律上の障害がなくなれば権利行使が法的に可能であるにもかかわらず，権利者が権利を行使しないのであれば，権利の上に眠っていたと評価されて権利を失ってもやむを得ない[*5]，というのがその理由である。もっとも，権利の性質によっては，権利行使が法律上可能であっても，権利者に権利行使せよと現実には期待できない場合もある。このような場合には，消滅時効を進行させると権利者に無理な要求をすることになるので，権利行使を現実に期待できる時が消滅時効の起算点となる[*6]。

II. 安全配慮義務の不履行に基づく損害賠償請求権の消滅時効の起算点とじん肺の特殊性

1 ▶▶ 前提となる考え方

　安全配慮義務の不履行に基づく損害賠償請求権は，債務者（加害者）がその義務に違反し，債権者（被害者）の生命・身体等に損害が生じた時に発生する。そして，損

[*5]
権利を行使することができるのに長期にわたってその行使を怠っている状態は，「権利の上に眠っている」と表現される。

[*6]
最大判昭和45・7・15民集24巻7号771頁参照。

害が発生したならば損害賠償請求権の行使に法律上の障害はないから，この請求権の行使につき「権利を行使することができる時」とは損害発生時であり，この時から消滅時効が進行する（判決文(1)）。

2 ▶▶ じん肺という疾病の特殊性への配慮

その上で，安全配慮義務の不履行によるじん肺被害を理由とする損害賠償請求権の場合には，次のような特別な配慮が必要となる。

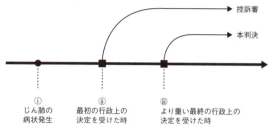

損害発生時はじん肺の病状が被害者に発生した時（ⅰ）となりそうであるが，本判決は，それよりも後の，被害者が行政上の決定を受けた時であるとした（判決文(1)）。医学的な診断を経て行政上の決定を受けて初めて，じん肺による損害が発生していると確実に認定しうるから，この時点を損害発生時＝起算点と評価したわけである。

もっとも，本件のように，行政上の決定を受けた被害者が，その後に病状が進行して，より重い決定を受けることもある。起算点は，最初の決定を受けた時（ⅱ）と，より重い最終の行政上の決定を受けた時（ⅲ）のどちらになるだろうか。最初の決定を受けた時に発生した損害が拡大して，その後の重い病状に基づく損害につながっているとみれば，損害発生時は最初の決定を受けた時であり，この時から10年が経過すると損害賠償請求権は時効により消滅する。控訴審はこのように解釈した。

しかし，①じん肺は，いつ，どのくらいの速度で，どの程度まで病状が進行するか不明な疾病であることをふまえれば，病状が進行してより重い行政上の決定を受けるごとに，その病状に対応する損害が別個に発生しているとみるほうが適切である。しかも，②最初の決定を受けた時にはより重い病状は生じていないから，被害者がこの時点で重い病状に基づく損害の賠償を請求することはそもそも不可能である。むしろ，より重い行政上の決定を受けた時点で初めて，その病状に基づく損害の賠償を請求することが法律上可能になったと評価できる。

そこで，本判決は，起算点を最終の行政上の決定を受けた時（ⅲ）であるとした（判決文(2)）。安全配慮義務の不履行に基づく損害賠償請求権の消滅時効の起算点は損害発生時であるという立場（1）を維持しつつ，じん肺という疾病の特殊性に配慮して，実質的には起算点＝損害発生時を後ろにずらし損害賠償請求権が早期に時効消滅しないようにすることで，じん肺被害者の救済を図ったといえるだろう。[*7]

3 ▶▶ 改正後の民法

改正後の民法の下では，安全配慮義務の不履行によるじん肺被害を理由とする損害賠償請求権は，「人の生命又は身体の侵害による損害賠償請求権」（167条）にあたることから，債権者（被害者）が権利を行使することができることを知った時から5年，あるいは，権利を行使することができる時から20年で時効により消滅する（166条1項）。これに本判決の解釈をあてはめれば，最終の行政上の決定を受けたことは被害者が通常知るはずであるから，被害者が最終の行政上の決定を受けたことを知った時から5年で，この損害賠償請求権は時効により消滅することになるだろう。

*7 | じん肺の被害者は，国が炭鉱への規制権限を行使しなかったという不法行為を理由に，国に対しても損害賠償を請求していた（国家賠償法1条1項）。この損害賠償請求権は「不法行為の時」を起算点として20年で消滅する（国家賠償法4条，民法について改正前は724条後段，改正後は724条2号）。ここでいう「不法行為の時」とは，国が規制権限の不行使という加害行為を続けていた最終時点となるはずであるが，判例は，じん肺のように，加害行為が終了してから相当の期間が経過した後に損害が発生する場合には，損害発生時が起算点になるとした（最判平成16・4・27民集58巻4号1032頁［百選Ⅱ-104］）。つまり，不法行為に基づく損害賠償請求権についても，じん肺という疾病の特殊性を考慮して，起算点を後ろにずらしたわけである。そして，この損害発生時とは，本判決によると，最終の行政上の決定を受けた時であると解される。

28 時効援用の効果

最高裁昭和61年3月17日判決（民集40巻2号420頁） ▶百選Ⅰ-40

🔍 事案をみてみよう

▶ 当事者図

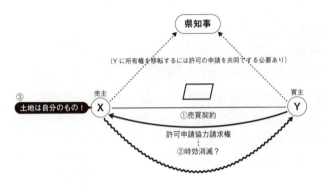

▶ 時系列図

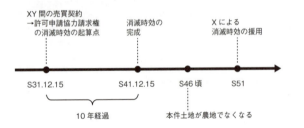

Xは，昭和31年12月15日，自己の所有する本件土地（農地として使われている）をYに売却し（以下「本件売買契約」という），Yから代金の支払を受け，Yに対し，本件土地の引渡し，および，所有権移転請求権保全のための仮登記[*1]（以下「本件仮登記」という）をした（①）。当時，本件売買契約に基づいて本件土地の所有権をXからYに移転するには，農地法3条に基づく県知事の許可が必要であったが，その許可が得られないまま期間が経過した。

昭和51年，Xは，昭和41年12月15日の経過により，本件売買契約に基づくYのXに対する所有権移転許可申請に協力することを求める権利（許可申請協力請求権[*2]）が10年の消滅時効の完成により消滅し（改正前167条1項[*3]）（②），許可を得ることができなくなったことから，本件土地の所有権はYに移転せずXに帰属することが確定したと主張して，Yに対し，本件仮登記の抹消および本件土地の明渡しを請求する訴訟を提起した（③）。これに対して，Yは，本件土地は昭和46年頃には荒地になっていたところ，農地でなくなれば農地法3条が適用されなくなり県知事の許可も不要になることから，許可がなくても，本件売買契約に基づいて本件土地の所有権はYに移転したと反論した。

[*1] 仮登記
Yは，Xに対する本件土地の所有権移転請求権を保全するために，仮登記をすることができる（不動産登記法105条2号）。仮登記をしておくと，本登記をしたときに本登記の順位が仮登記の順位で決まる（同法106条）というメリットがある。[判例14] *5参照。

✓ 読み解きポイント

時効が完成すればその効果が直ちに生じると解すれば，Xの主張のとおり，昭和41年12月15日が経過した時点で許可申請協力請求権は消滅するので，YはXに対してこの請求権を行使できなくなり，県知事の許可を受けられないことが確

102

定する。その結果，本件土地の所有権がXからYに移転することもなくなる。

これに対して，Xによる消滅時効の援用があって初めて許可申請協力請求権が消滅すると解すれば，昭和41年12月15日が経過しても，この請求権は消滅せず存続していたことになる。そして，昭和46年頃に農地法が適用されなくなった結果，県知事の許可がなくても本件土地の所有権は本件売買契約に基づいてXからYに移転するので，Yの反論が認められる。

このように，時効期間が経過すると，それだけで直ちに時効の効果が生じる（本件では権利が消滅する）と解するか，それとも，時効期間の経過だけでなく，当事者による時効の援用があって初めて時効の効果が生じると解するかによって，結論が変わる。本判決は，どちらの解釈を採用しただろうか。

📖 判決文を読んでみよう

「民法167条1項〔改正後166条1項2号〕は『債権は10年間之を行わざるに因りて消滅す』[*4]と規定しているが，他方，同法145条及び146条は，時効による権利消滅の効果は当事者の意思をも顧慮して生じさせることとしていることが明らかであるから，時効による債権消滅の効果は，時効期間の経過とともに確定的に生ずるものではなく，時効が援用されたときにはじめて確定的に生ずるものと解するのが相当であり，農地の買主が売主に対して有する県知事に対する許可申請協力請求権の時効による消滅の効果も，10年の時効期間の経過とともに確定的に生ずるものではなく，売主が右請求権についての時効を援用したときにはじめて確定的に生ずるものというべきであるから，右時効の援用がされるまでの間に当該農地が非農地化したときには，その時点において，右農地の売買契約は当然に効力を生じ，買主にその所有権が移転するものと解すべきであり，その後に売主が右県知事に対する許可申請協力請求権の消滅時効を援用してもその効力を生ずるに由ないものというべきである。」

⬇ この判決が示したこと ⬇

本判決は，民法が当事者の意思を顧慮して時効の効果を生じさせていることから，時効の効果は，時効期間の経過によって確定的に生ずるのではなく，当事者が時効を援用したときに初めて確定的に生ずるとした。

👆 解説

民法は，一定の期間が経過すると権利の取得・消滅の効果が発生すると規定している（162条・166条等）。これらの規定によれば，本件の許可申請協力請求権は昭和41年12月15日の経過によって消滅することになる。ところが，145条は「時効は，当事者……が援用しなければ，裁判所がこれによって裁判をすることができない。」[*5]として，時効の援用を要求している。そうすると，本件でも，Xが援用しない限り，

[*2] 農地の所有権を移転するには，農地法3条に基づく許可が必要であることから，農地の売買契約が結ばれた場合には，売買契約に基づく許可申請協力請求権が当事者間に発生する。そして，この請求権は売買契約に基づく債権であることから，改正前167条1項に基づく10年の消滅時効にかかる（なお，改正後の民法では，Yは，本件売買契約を結んだ時点で，Xに対して許可申請協力請求権を行使することができることを知ったといえるので，本件売買契約時から5年が経過するとこの請求権は時効により消滅する〔166条1項1号〕）。

[*3] 改正前167条1項
「債権は，10年間行使しないときは，消滅する。」

[*4] 民法典の規定の現代語化等を行った平成16年（2004年）改正前の文言。

[*5] その際，時効の効力は起算日に遡るので（144条），許可申請協力請求権は最初から存在しなかったものとして扱われることに注意。

許可申請協力請求権の消滅の効果が生じないとも考えられる。

そこで、わざわざ時効の援用が要求されたのはなぜか、そして、時効期間の経過（時効の完成）と時効の援用との関係がどうなるかが問題となる。

民法が時効の援用を要求したのは、時効による権利の取得・消滅という効果を受けるかどうかを当事者の意思にゆだねたからである。権利者でない者が権利を取得したり、債務者が債務を免れたりするのは、当人にとって利益になるが、そのような利益を受けることを潔しとしない者もいることから、時効の利益を受けるかどうかは当事者自身が決めるべきであり、当事者の意思を無視して法が時効の利益を押しつけるのはよろしくない、というわけである。そうであれば、時効が完成したというだけで時効の効果が確定的に発生すると解する見解（確定効果説[*6]）を採用することはできない。

そこで、本判決は、時効の完成によっては権利の取得・消滅の効果はまだ確定しておらず、援用がなされたときに初めてその効果が確定的に発生するという見解を採用した。時効が完成しても時効の効果は確定的に生じていない（不確定効果説）とした上で、援用を時効の効果発生の停止条件のように解する（停止条件説[*7]）のが特徴である。つまり、「時効の援用」という条件が成就するまでは、「時効の効果の発生」という効力は停止しているが、時効の援用がなされれば（＝停止条件が成就すれば）、この停止が解かれて、時効の効果が確定的に発生するというわけである。

このように解すれば、《時効の完成による権利の取得・消滅という効果》と《当事者の意思の尊重という時効の援用の趣旨》とをうまく調和させることができる。

[*6] 確定効果説によれば、援用とは、時効の効果を訴訟で主張することにすぎないとされる。

[*7] 条件とは、法律行為の効力の発生・消滅を将来の不確実な事実にかからせる合意をいう。条件のうち、それが成就した時から法律行為の効力を発生させる条件のことを「停止条件」という。たとえば、「〇月〇日に借金1万円を返済しなければ、代わりに時計をあげる」という約束をしたとする。「〇月〇日に借金1万円を返済しなければ」の部分が条件であり、この条件が成就すれば「時計をあげる」という効力が生じるが、この条件が成就するまではその効力を発生させない（＝停止しておく）という意味で、停止条件と呼ばれる。

これに対して、「銀行からお金を借りられなかったら、マンションを購入する契約は効力を失う」という約束をしたとする。「銀行からお金を借りられなかったら」の部分が条件であり、この条件が成就すると、マンションを購入する契約の効力が失われる。このように、それが成就すると、すでに発生した法律行為の効力を失わせる（＝解除する）条件のことを「解除条件」という。

29 時効の援用権者

最高裁平成11年10月21日判決（民集53巻7号1190頁）　▶百選Ⅰ-41

事案をみてみよう

　Y信用組合は，A社に対して金銭を貸し付けた際，YのA社に対する債権（以下「本件債権」という）を担保するために，B所有の本件不動産について抵当権の設定を受け，その旨の抵当権設定登記がなされた（①）。ところが，A社は弁済期になっても本件債権を弁済しないまま，期間が経過していた。

　他方で，本件不動産には，Yの抵当権が設定された後に，Xのために後順位の抵当権が設定された（②）。Xは，本件債権は消滅時効期間が経過したことで時効により消滅し，被担保債権である本件債権の消滅にともなってYの抵当権も消滅したと主張して，Yに対し，抵当権設定登記を抹消するよう請求した（③）。

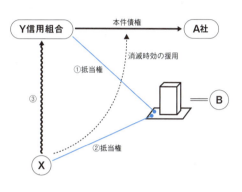

*1｜抵当権
〔判例13〕*3参照。

*2｜被担保債権
抵当権などの担保物権によって担保されている債権のこと。

*3｜
抵当権は特定の債権を担保するために設定されることから，被担保債権が存在しなければ抵当権も存在しないという性質を有する。これを「抵当権の付従性」という。

✓ 読み解きポイント

　時効の効果が時効の援用によって確定的に生ずることは，〔判例28〕で学んだ。時効の援用ができるのは「当事者」だとされている（145条）。それでは，債権の消滅時効が完成した場合に，その債権に関わるどのような者が，「当事者」としてその債権の消滅時効を援用することができるだろうか。

　本件では，本件債権（被担保債権）が消滅すると，これを担保するために設定されたYの抵当権も消滅する。そして，Xは，自分の抵当権より順位が先のYの抵当権が消滅すれば，自分の抵当権の順位が上昇するので，本件不動産の売却代金から優先的に弁済を受けられる可能性が高まる。このような立場にあるXは，Yの有する先順位抵当権の被担保債権（本件債権）について，消滅時効を援用できる「当事者」にあたるだろうか。

📖 判決文を読んでみよう

(1)　「民法145条所定の当事者として消滅時効を援用し得る者は，<u>権利の消滅により直接利益を受ける者</u>に限定されると解すべきである」。

(2)　「後順位抵当権者は，目的不動産の価格から先順位抵当権によって担保される債権額を控除した価額についてのみ優先して弁済を受ける地位を有するものである。もっとも，先順位抵当権の被担保債権が消滅すると，後順位抵当権者の抵当権の順位

が上昇し，これによって被担保債権に対する配当額が増加することがあり得るが，この配当額の増加に対する期待は，抵当権の順位の上昇によってもたらされる反射的な利益にすぎないというべきである。そうすると，後順位抵当権者は，先順位抵当権の被担保債権の消滅により直接利益を受ける者に該当するものではなく，先順位抵当権の被担保債権の消滅時効を援用することができないものと解するのが相当である。」

> ↓ **この判決が示したこと** ↓
>
> 本判決は，145条の当事者として消滅時効を援用することができるのは「権利の消滅により直接利益を受ける者」であるとの基準を示した上で（判決文(1)），この基準を後順位抵当権者にあてはめた。これによると，後順位抵当権者は，先順位抵当権の被担保債権の消滅により「直接利益を受ける者」とはいえない（反射的な利益を受けるにすぎない）ことから，先順位抵当権の被担保債権の消滅時効を援用することはできないとされた（判決文(2)）。

解説

Ⅰ．時効の援用権者の基準

判例は一貫して，当事者（145条）として時効を援用することができるのは「時効により直接利益を受ける者」に限られるという基準を採用している。消滅時効であれば，「権利の消滅により直接利益を受ける者」となる。このように時効の援用権者を限定したのは，時効の援用とは時効の利益を受けるかどうかを決めることであるから，これを決められるのは「時効により直接利益を受ける者」だけでよい——利益を受けない者や間接的に利益を受けるにすぎない者がこれを決める必要はない——という理由に基づいている。

Ⅱ．時効の援用権者の範囲

それでは，具体的に誰が「直接利益を受ける者」にあたるか。本件債権に即してみてみよう。

債務者Aは，本件債権の消滅によってまさに債務を免れる。さらに，本件債権の担保のために本件不動産を提供したB（物上保証人）も，本件債権が時効により消滅するとYの抵当権も消滅することで，抵当権の負担を免れ，本件不動産の所有権を失わないですむ。さらに，本判決の事案には登場していないが，たとえば，Yの抵当権の付いた本件不動産をCがBから譲り受けたとすると，C（第三取得者と呼ばれる）も，物上保証人と同じように，本件債権が時効により消滅するとYの抵当権も消滅することで，抵当権の負担を免れることができる。そこで，判例は，債務者だけでなく物上保証人や第三取得者も，債務者に対する債権が消滅すると直接利益を受けることから，その消滅時効を援用することができると解してきた。このような判例の解釈を反映させたのが，145条のかっこ書の部分である。

これに対して，たとえば，Y以外にDも債務者Aに金銭を貸していたとすると，

---

*4 抵当権は，本件のように，ひとつの不動産の上に複数設定することができ，その順位は登記の先後で決まる（373条）。この順位には，抵当不動産の売却代金から，先順位抵当権者がまず優先弁済を受けた後に初めて，その残りの金額から，後順位抵当権者が優先弁済を受けられるという意味がある。
また，債務者が債務を弁済するなどして先順位抵当権が消滅すると，後順位抵当権の順位は上昇する（順位昇進の原則）。本件では，Yの先順位抵当権が消滅すれば，Xの後順位抵当権の順位が上昇し，本件不動産の売却代金から優先弁済を受けられる可能性が高まる。そこで，XはYの抵当権が消滅したと主張しているわけである。

*5 不動産に抵当権が付いている場合，抵当権者が抵当権を実行すると，不動産が競売される。これによって，不動産の所有者である物上保証人は，その所有権を失うことになる。しかし，抵当権が消滅すれば，このような事態を回避することができる。

D（一般債権者と呼ばれる）は本件債権の消滅時効を援用できない。一般債権者はもともと，他の債権者と平等の資格でAの責任財産から債権を回収する権利しかもたない。つまり，Dは，このような権利の限りで，Aの責任財産とのつながりを有しているにすぎない。そうすると，本件債権が時効により消滅してAのマイナスの財産が減ると，その分だけAの責任財産が増えるが，それは，他の債権者を含めた一般債権者全体の利益にはなっても，これによって個別の一般債権者（D）が直接に利益を受けるわけではない――あくまでも間接的に利益を受けるにすぎない――からである。

*6｜責任財産
債務者が債務を履行しない場合には，債権者は，債務者の財産に対して強制執行の手続をとり，債権の内容を強制的に実現することができる。この強制執行の対象となる債務者の財産を「責任財産」という。

III. 後順位抵当権者は先順位抵当権の被担保債権の消滅時効を援用することができるか

本判決は，後順位抵当権者Xは，Yの先順位抵当権の被担保債権である本件債権の消滅によって抵当権の順位上昇（それによる配当額〔優先弁済を受けられる額〕の増加）という利益を受けるものの，その利益は「反射的な利益」にすぎないことを理由に，本件債権の消滅時効を援用することはできないとした。ⓐ第三取得者であれば，本件債権の消滅時効を援用できないと，本件不動産の所有権自体を失う（上記II）のに対して，後順位抵当権者は，本件債権の消滅時効を援用できなくても抵当権自体を失うことはない。単に抵当権の順位が上昇しないだけであり，現在の順位に従って弁済を受けるという地位自体を害される――自分への配当額が現在よりも減る――わけではない。ⓑまた，XY間では，Yの被担保債権（本件債権）と先順位抵当権が消滅すると，Aの責任財産が増加し，それによってXへの配当額が増加する可能性があるにすぎない。債務者の責任財産の増加というワンクッションが入っている点で，後順位抵当権者はむしろ，一般債権者（上記II）と類似の地位にある。

*7｜
大判大正8・7・4民録25輯1215頁。

以上のⓐⓑによれば，後順位抵当権者は，先順位抵当権の被担保債権の消滅により「直接利益を受ける者」にはあたらないことがわかる。

IV. 改正後の民法145条

本件債権について，物上保証人や第三取得者はその消滅時効を援用できるが，一般債権者や後順位抵当権者はこれを援用することができないという判例の結論（IIおよびIII）は，学説も支持している。しかし，「権利の消滅について直接利益を受ける者」という判例の基準（I）に対しては，直接の利益と間接の利益との区別が明確でないなどの批判があった。

そこで，改正後の民法145条かっこ書は，消滅時効について，ⅰ判例が援用権者として認めてきた物上保証人や第三取得者を明記した上で，ⅱ判例の基準をもっと的確に表現するために，「権利の消滅について正当な利益を有する者」という文言を採用し，これらの者も消滅時効の援用ができる当事者に含まれると規定した。以上の経緯によると，これまでの判例の基準は，表現こそ変わったが，改正後の民法145条かっこ書の下でもそのまま維持されているといえる。

30 消滅時効完成後の債務者の債務承認

最高裁昭和41年4月20日大法廷判決（民集20巻4号702頁） ▶百選Ⅰ-42

事案をみてみよう

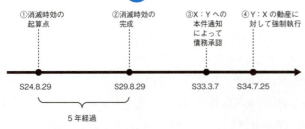

木材商Xは，弁済期を昭和24年8月29日，利息を月5分（5％）とする約定で，Yから7万8000円（現在の価値で約60万円）を借り受け（以下，YのXに対する債権を「本件債権」という），その旨を記載した公正証書が作成された（①）。Xは本件債権を弁済していなかったが，昭和33年3月7日，Yに対し，《借用金を元金だけにまけてもらいたい，そうすれば，昭和33年中に何とかして4・5回くらいに分割してこれを支払う》旨を手紙で通知した（以下「本件通知」という）（③）。その後，Yが，本件債権の回収を図るため，公正証書に基づきXの動産に対して強制執行をした（④）。

Xは，本件債権は商事債権だから，弁済期から5年が経過すると時効により消滅する（平成29年改正前商法522条）ので（②），その後になされたYの強制執行は認められないと主張して，訴訟を提起した。これに対し，Yは，本件債権について消滅時効が完成したとしても，Xは本件通知によって時効の利益を放棄したから，本件債権の消滅時効を援用することはできないと反論した。

✓ 読み解きポイント

時効による権利の取得・消滅という効果を受けるかどうかは，当事者の意思にゆだねられている（〔判例28〕解説参照）。消滅時効の場合であれば，債務者は，消滅時効を援用して（145条），自分に対する債権の消滅（＝債務を免れる）という利益を受けることができる。これとは反対に，債務者は，時効の利益を放棄して，自分に対する債権を存続させる（＝債務を負担し続ける）こともできる（146条の反対解釈）。このように，時効の利益を受けるかどうかは，その利益を受ける当事者の意思によるわけである。

以上に関して，本件では2つのことが問題になっている。

まず，Xは，本件債権の消滅時効が完成した後，つまり，時効の利益を受けることができる状態になった後に，本件通知をして，自分がYに対して債務を負っていることを承認している。これによって，Xは時効の利益を放棄したといえるだろうか。

次に，Xは，債務の承認をした後に，本件債権の消滅時効を援用している。つまり，一度は《債務を負っている》ことを承認したにもかかわらず，後になって，消滅

---

*1 | **公正証書**
一般に，法律行為など私権に関する事実について公証人が作成する証書のことを，公正証書という。公正証書が一定の要件を満たしていると，本件のように，債権者はこれに基づいて債務者に対して強制執行の手続をとることができる（民執22条5号）。

*2 |
平成29年改正前商法522条「商行為によって生じた債権は，この法律に別段の定めがある場合を除き，5年間行使しないときは，時効によって消滅する。〔以下略〕」

*3 |
「時効の利益は，あらかじめ放棄することができない」（あらかじめ＝時効完成前に）とする146条の規定から，《時効の利益は，時効完成後であれば放棄することができる》とする解釈を導き出すことができる。

108

時効を援用して《債務は消滅した》と主張しているわけである。Xのこのような行動は許されるだろうか。

📖 判決文を読んでみよう

(1)「債務者は，消滅時効が完成したのちに債務の承認をする場合には，その時効完成の事実を知っているのはむしろ異例で，知らないのが通常であるといえるから，債務者が商人の場合でも，消滅時効完成後に当該債務の承認をした事実から右承認は時効が完成したことを知ってされたものであると推定することは許されないものと解するのが相当である。したがって，右と見解を異にする当裁判所の判例（最判昭和35・6・23民集14巻8号1498頁参照）は，これを変更すべきものと認める。」

(2)　しかし，「債務者が，自己の負担する債務について時効が完成したのちに，債権者に対し債務の承認をした以上，時効完成の事実を知らなかったときでも，爾後その債務についてその完成した消滅時効の援用をすることは許されないものと解するのが相当である。けだし，時効の完成後，債務者が債務の承認をすることは，時効による債務消滅の主張と相容れない行為であり，相手方においても債務者はもはや時効の援用をしない趣旨であると考えるであろうから，その後においては債務者に時効の援用を認めないものと解するのが，信義則に照らし，相当であるからである。また，かく解しても，永続した社会秩序の維持を目的とする時効制度の存在理由に反するものでもない」。

> ⬇ **この判決が示したこと** ⬇
>
> 本判決は，消滅時効が完成したことを知らずに債務を承認した債務者は，時効の利益を放棄したことにはならないものの（判決文(1)），その後に消滅時効を援用することは信義則（1条2項）に反して許されないとして（判決文(2)），Xの消滅時効の援用を認めなかった。

解説

I. 時効完成後の債務承認は時効利益の放棄にあたるか

債務の消滅時効が完成した場合，債務者は，消滅時効を援用して時効の利益を受ける（すなわち債務を免れる）こと（145条）も，時効の利益を放棄すること（146条の反対解釈）もできる。時効の利益を受けるかどうかは，その利益を受ける本人の意思にゆだねられるべきだからである。

時効の利益を放棄するには，債務者が，消滅時効が完成したという事実を知っている必要がある。消滅時効が完成して時効の利益を受けられると知っているからこそ，その利益を放棄するか，それとも消滅時効を援用して時効の利益を受けるかを決めることができるからである。

それでは，消滅時効の完成後に，債務者が債務を弁済したり，(本判決のように) 債務の弁済の猶予を求めるなど，債務を承認することは，時効利益の放棄にあたるだろうか。債務の存在を認めている点では，時効の利益を放棄しているようにもみえるが，上述のように，時効利益の放棄というためには，債務者が時効完成の事実を知っていなければならない。本判決が引用する最高裁昭和35年判決は，債務者が消滅時効の完成後に債務を承認した場合，それは時効完成の事実を知って行ったものと推定されるとした。この解釈によると，債務者は時効の利益を放棄したことになり，もはや時効を援用することができない。

　しかし，債務者が消滅時効の完成の事実を知っていたならば，時効の利益を受けたいと考えて，時効の利益を放棄しない (時効の援用をする) のが通常のはずである。そうすると，消滅時効完成後に債務者が債務を承認する場合には，債務者は時効完成の事実を知らずにそうしているとみるほうがむしろ妥当である。これを受けて，判決文(1)は，最高裁昭和35年判決のように推定することは許されないとした。これによると，消滅時効完成後の債務者の債務承認は，時効完成の事実を知ってしたわけではないから，時効利益の放棄にはあたらない。

II. 時効援用権の喪失

　時効利益の放棄にあたらないのであれば，債務者は債務を承認した後でも，依然として，時効を援用して時効の利益を受けることができるはずである。

　しかし，本判決は，消滅時効完成後に債務を承認した債務者は，信義則に照らして，時効を援用することはできないとした。⒤債務の承認により債務者は債務の存在自体を認めており，そのような債務者がその後に時効を援用して債務の消滅を主張するのは，矛盾した態度といえる点，および，ⅱ時効完成後に債務者が債務を承認すると，債権者は《債務者は時効を援用せずに債務を弁済してくれるはずだ》と信頼するはずであり，それにもかかわらず債務者が時効を援用するのは，債権者の信頼を裏切る行為である点に，まさに信義則違反がみられるからである。

判例索引

大審院・最高裁判所

大判大正4・5・15新聞1031号27頁		31
大判大正8・7・4民録25輯1215頁		107
大判大正9・5・28民録26輯773頁		31
大判大正10・6・2民録27輯1038頁	[判例11]	42
大判大正12・12・12民集2巻668頁		31
大判昭和7・6・6民集11巻1115頁	[判例16]	62
大判昭和7・10・6民集11巻2023頁	[判例02]	10
大判昭和7・10・26民集11巻1920頁	[判例15]	56
大判昭和9・5・1民集13巻875頁		34
大判昭和10・10・5民集14巻1965頁	[判例01]	4
大判昭和12・4・20新聞4133号12頁		31
大判昭和14・10・26民集18巻1157頁		58
大判昭和18・3・19民集22巻185頁		31
最判昭和27・11・20民集6巻10号1015頁		34
最判昭和28・9・25民集7巻9号979頁		3
最判昭和35・2・19民集14巻2号250頁	[判例20]	74
最判昭和35・3・18民集14巻4号483頁	[判例10]	39
最判昭和35・6・23民集14巻8号1498頁		109
最判昭和35・10・21民集14巻12号2661頁	[判例18]	68
最判昭和36・2・16民集15巻2号244頁		44
最判昭和37・4・20民集16巻4号955頁	[判例25]	89
最判昭和39・1・23民集18巻1号37頁		41
最判昭和39・5・23民集18巻4号621頁	[判例19]	71
最判昭和39・10・15民集18巻8号1671頁	[判例06]	23
最判昭和40・3・9民集19巻2号233頁		6
最判昭和40・6・18民集19巻4号986頁		87
最大判昭和41・4・20民集20巻4号702頁	[判例30]	108
最判昭和42・7・21民集21巻6号1643頁	[判例26]	96
最判昭和42・11・10民集21巻9号2417頁		73
最判昭和43・10・17民集22巻10号2188頁		54
最判昭和44・2・13民集23巻2号291頁	[判例03]	12
最判昭和44・12・18民集23巻12号2476頁	[判例22]	80
最大判昭和45・6・24民集24巻6号625頁		17,26
最大判昭和45・7・15民集24巻7号771頁		100
最判昭和45・9・22民集24巻10号1424頁	[判例13]	50
最判昭和46・6・3民集25巻4号455頁		76
最判昭和46・12・16民集25巻9号1472頁		3
最判昭和48・7・3民集27巻7号751頁		90

最判昭和48・10・9民集27巻9号1129頁		25
最大判昭和48・12・12民集27巻11号1536頁		38
最判昭和50・2・25民集29巻2号143頁		99
最判昭和50・11・28民集29巻10号1698頁		26
最判昭和51・6・25民集30巻6号665頁	[判例21]	77
最判昭和56・3・24民集35巻2号300頁	[判例09]	36
最判昭和60・11・29民集39巻7号1760頁	[判例05]	20
最判昭和61・3・17民集40巻2号420頁	[判例28]	102
最判昭和61・5・29判時1196号102頁		35, 41
最判昭和61・11・20民集40巻7号1167頁	[判例07]	30
最判昭和61・11・20判時1220号61頁	[判例08]	33
最判昭和62・7・7民集41巻5号1133頁	[判例23]	83
最判昭和63・3・1判時1312号92頁		92
最判平成元・9・14判時1336号93頁	[判例12]	47
最判平成4・12・10民集46巻9号2727頁	[判例17]	65
最判平成5・1・21民集47巻1号265頁	[判例24]	86
最判平成6・2・22民集48巻2号441頁	[判例27]	99
最判平成8・3・19民集50巻3号615頁	[判例04]	17
最判平成10・7・17民集52巻5号1296頁		92
最判平成11・10・21民集53巻7号1190頁	[判例29]	105
最判平成14・4・25判時1785号31頁		26
最判平成15・6・13判時1831号99頁		55
最判平成16・4・27民集58巻4号1032頁		101
最判平成18・2・23民集60巻2号546頁	[判例14]	53
最判平成28・1・12民集70巻1号1頁		49

地方裁判所

長野地判昭和52・3・30判時849号33頁	35
大阪地判昭和58・2・28判タ494号116頁	41

\ START UP /
民法①総則 判例 30！

2017年12月20日　初版第1刷発行
2019年 9 月30日　初版第3刷発行

著者　原田昌和
　　　秋山靖浩
　　　山口敬介

発行者　江草貞治
発行所　株式会社有斐閣
　　　　郵便番号　101-0051
　　　　東京都千代田区神田神保町2-17
　　　　電話　（03）3264-1314〔編集〕
　　　　　　　（03）3265-6811〔営業〕
　　　　http://www.yuhikaku.co.jp/

デザイン　堀 由佳里
印刷・製本　大日本法令印刷株式会社

©2017, Masakazu Harada,
Yasuhiro Akiyama, Keisuke Yamaguchi.
Printed in Japan

落丁・乱丁本はお取替えいたします。
ISBN 978-4-641-13782-0

JCOPY　本書の無断複写（コピー）は，著作権法上での例外を除き，禁じられています。複写される場合は，そのつど事前に，（一社）出版者著作権管理機構（電話03-5244-5088, FAX03-5244-5089, e-mail: info@jcopy.or.jp）の許諾を得てください。

本書のコピー，スキャン，デジタル化等の無断複製は著作権法上での例外を除き禁じられています。本書を代行業者等の第三者に依頼してスキャンやデジタル化することは，たとえ個人や家庭内での利用でも著作権法違反です。